风水

传统数术名家精粹

图注

精解罗经三十六层

罗经差一线，富贵不相见

寻龙点穴、消砂纳水、立向布局的主要堪舆工具

【一叶知秋、一针见血、胸罗千载、面转乾坤】

汇集中国历代大师、风水典籍的实用风水精华

西楚霸王项羽穿珠龙

指南车

经天纬地的罗盘是堪舆风水的必备工具

罗盘

宋双元◎著

杨金国◎点校

刘保同◎主编

"先识龙脉认祖宗，蜂腰鹤膝是真踪。" 蜂腰：前后大中间小者是也。 鹤膝：前后小中腰大者是也。此处为鹤膝。凡是龙脉束气聚结而成蜂腰鹤膝之形，其处气旺结穴必近。风水宗师杨筠松："蜂腰鹤膝龙欲成"是也。所以见此形可知龙将结穴，可以就近寻穴场。

内蒙古人民出版社

图书在版编目(CIP)数据

精解罗经三十六层/宋双元著. –呼和浩特:内
蒙古人民出版社, 2010.5(2023.9重印)
(传统数术名家精粹/刘保同主编)
ISBN 978-7-204-10500-7

Ⅰ.①精…　Ⅱ.①宋…　Ⅲ.①风水-罗盘-研究-中国　Ⅳ.①B992.4

中国版本图书馆 CIP 数据核字(2010)第 090336 号

传统数术名家精粹

精解罗经三十六层

宋双元　著

责任编辑	王继雄	
封面设计	宋双成	
出版发行	内蒙古人民出版社	
地　址	呼和浩特市中山东路 8 号波士名人国际 B 座 5 层	
印　刷	呼和浩特市圣堂彩印有限责任公司	
开　本	710×1000　1/16	
印　张	16	
字　数	220 千字	
版　次	2010 年 12 月第 1 版	
印　次	2023 年 9 月第 8 次印刷	
书　号	ISBN 978-7-204-10500-7	
定　价	29.80 元	

出版前言

　　五千年的文化长河中，有一支渊源流长，而且历代备受推崇，充满神秘色彩的术数文化，一直是中华传统国学文化的重要组成部分。在我国历史的社会生活中占有很重要的地置，对中华民族的和谐发展有着不可磨灭的贡献，风水就是术数文化的一个分支。

　　风水的起源，可以追溯到远古洪荒时代。先民们面对洪水的泛滥，开始运用智慧择地而居。此后，风水的发展演变，大致经历了先秦孕育时期、秦汉萌芽时期、魏晋发扬时期、唐宋成熟盛行时期、元代低落时期、明清流传繁荣时期。"葬乘生气"这一风水理论精髓，也成为几千年来各派风水学家们保持不变的运用原理和宗旨。风水领域，名人辈出，著述甚多，为风水理论的形成和发展作出了重大贡献。

　　风水以峦头为体，理气为用。峦头真理气自验，峦头假理气难凭。所以理气不合，而峦头真者，虽有瑕疵，不因为理气不合而不发富贵，理气合而峦头假者，定不因为合理气而发福禄，因为峦头为理气之本。可见理气有多重要。如何来理气呢？风水师有一个专业的理气工具罗盘，又叫罗经。罗经，取包罗万象、经纬天地之意。传说罗经创自轩辕黄帝时代，有中国人的那一天起就有了罗经。后经历代先贤按河洛易理，参以日月五星七政及天象星宿运行原理，再观察地上山川河流，平原波浪起伏形态，不断修正完善而成，用于测量方位和勘测地形。风水师则格龙、消砂、纳水、立向布局。没有接触过风水的人，往往会觉得罗盘是一个神奇的东西，似乎会使用罗盘就会知道风水秘密了。其实罗盘在风

水师手中，通常只是一个定向工具。但实际上我们只要真的明白了罗盘上层层圆圈，麻麻密密的文字和卦象附号，我们也就真的把风水搞明白了。风水理论的不同对罗盘的要求也不一样，从常用的三元盘、三合盘、三元三合综合盘、易盘等就能彰显了中国诸多流派风水术的多样性。本书精解罗盘三十六层，并不是指单一一个罗盘有三十六层，而是以所有罗盘的常用层数综合来讲起。阅读此书后，在以后不论遇到什么样的罗盘，你都能有所了解，都能使用得心应手。通过全书罗盘知识点面的详解，你也能得到风水奥秘的钥匙，必将顺利地进入风水的殿堂。当你翻开此书时，你就会发现这是风水研习者一部不可多得的典籍。

　　天人合一，阴阳调和，人与自然的和谐相处，这是中国术数的理论核心。风水作为中国独有的哲学思想产物，是祖先由实践积累起来的经验，所形成的人居环境选择优化的实用方法，而这也正是中国几千年来思想沉淀的精髓，也是我们要传承的部分。我们肯定风水在人类生存发展过程中的积极作用，但也不可对风水的作用无限地夸大，并掺杂个人功利目的。中国传统文化日渐式微，而作为一种倍受争议的学术更是沦为边沿学科，作为中华民族的子孙，我们每个人都有责任去了解它，学习它，发扬它。我有幸作为文王后裔玉黎公的三位弟子之一，尊师敬兄，追文王之风，习水布乾坤，用辩证的思维，去伪存真，去芜留精，来弘扬优秀的传统术数文化。继承与发展体现它适应时代、和谐社会、福惠万民的人文特色。也由于这种愿望，我和我的两个师哥在随师学习、研究中完成了《中国术数名家精粹》的点校编写工作。但由于时间仓促和水平所限，在成书之际，难免会有一些不足之处，望读者敬请谅解及指正。

目　录

精解罗经三十六层

精解罗经三十六层

精解罗经三十六层

第一章

罗盘的基础知识篇

 一、经天纬地包罗万象

罗经，取包罗万象、经纬天地之意。又称罗盘或罗庚，是测量方向或位置的重要仪器，是我国古代四大发明之一。传说罗经创自轩辕黄帝时代，有中国人的那一天起就有了罗经。后来经过历代先贤按河洛易理，参以日月五星七政及天象星宿运行原理，再观察地上山川河流，平原波浪起伏形态，不断修正完善而成，用于测量方位和勘测地形。

罗盘的发明和应用是人类对宇宙、社会和人生的奥秘不断探索的结果。罗盘上逐渐增多的圈层和日益复杂的指针系统，代表了人类不断积累的实践经验。当然，这些经验是否全面和正确还有待于进一步研究，但是罗盘上所标出的信息却蕴含了大量古老的中国智慧。

没有接触过风水的人，往往会觉得罗盘是一个神奇的东西，似乎会使用罗盘就会知道风水秘密了。其实罗盘在风水师手中使用操作风水时，通常只是一个定向工具。我们只要看看罗经上层层圆圈，麻麻密密的文字和卦象附号，就知道其中的信息量是何等的大。几乎没有人能学通写在罗经上的全部知识，这你也就明白罗经号称经天纬地包罗万象，一点都不夸张。因为不管任何门派的罗盘，上面都刻有大量的数据，现代人更是把罗盘美化了，认为罗盘上包含所有五行八卦，可以产生平衡五行的作用，以先天之气化后天无形之煞，具有化煞、镇宅、招财转运的作用。

　　堪舆学在长期的发展过程中，形成了诸多的学派。各个流派对堪舆学的某个侧面各有侧重，理论和操作各有其独到之处，各流派之间没有统一规定，各行其是，都自称正宗，所使用罗盘的种类自然也很多，常用的有三元盘、三合盘、三元三合综合盘、易盘、玄空盘及各派所用户的独特盘。但无论是那门那派的罗盘，都是利用罗盘中间的指南针定向，中间必有一层是二十四山方位，从北方开始依次序排列分别是壬子癸、丑艮寅、甲卯乙、辰巽巳、丙午丁、未坤申、庚酉辛、戌干亥等，共二十四个方位。由于使用者和使用对象的不同，罗盘有着大小不同的尺寸，大者直径尺许，小者可置于掌心；圈层数亦有多有少，少者三五层，多者三四十层。一般而言，小型罗盘直径小，圈层内容少，精度稍差，但却便于携带。而大型罗盘圈层内容多，信息量大，精度高，但其尺寸大，不方便携带。中型罗盘介于两者之间，多数情况下已够用。

　　罗盘是风水师格龙、消砂纳水、立向布局的主要工具。工具的质量好坏关系到测量的精度，并直接影响立向布局的准确性。所以，风水师对罗盘是要求很高的。要学习好风水，第一点必须拥有一个精确好用的罗盘。

二、罗盘的基本结构及选购标准

　　罗盘又叫罗经，罗盘实际上就是利用指南针定位原理来测量地平方位的工具，罗盘在风水上用于格龙、消砂、纳水和确定建筑物的坐向。一个专业的风水师要带备两个罗盘。当发现磁针不稳定的时候，便要拿出第二个罗盘，去确定是磁针失效，抑或受磁场干扰。现代罗盘主要由天池、内盘、外盘三大部件构成的，罗盘的外盘正方形，代表地，中间为内盘圆形，代表天，象征天圆地方之意。三大部件的质量都与罗盘的测量精度有密切关系。传统罗盘一般由天池和内盘两大件组成，省去了地盘，即我们见到的圆形罗盘，但使用效果是一样的。我们就来看看罗盘主要构造。

一、天池：也叫海底，罗盘的天池由顶针、磁针、海底线、园柱形外盒、玻璃盖组成，固定在内盘中央。底面中央有一个尖头的顶针，磁针的底面中央有一凹孔，磁针置放在顶针上。一般指南针有箭头的那端所指的方位是南，另一端指向北方。

天池的底面上绘有一条线，称为海底线，在使用时要使磁针与海底线重合。现代罗盘的海底上绘有十字线，十字线顶部分别印有东南西北，使用时应使磁针与海底的南北线重合。

二、内盘：就是紧邻指南针外面那个可以转动的圆盘。内盘面上印有许多同心的圆圈，一个圈就叫一层。各层划分为不同的等份，有的层格子多，有的层格子少，每个格子上印有不同的字符，代表不同的意思。罗盘有很多种类，层数有多有少。各派风水术都将本派的主要内容列入罗盘上，形成不同种类的罗盘。这样就使中国的罗盘成了中国术数的大百科全书。

三、外盘：外盘为正方形，是内盘的托盘，在四边外侧中点各有一小孔，穿入红线成为天心十道，用于读取内盘盘面上的内容，达到定向，测向的目的。天心十道要求相互垂直，刚买的新罗盘使用前都要对外盘进行校准才能使用。

罗盘虽然种类很多，但常用罗盘的基本选购标准为下：

天池部分：

1、天池的圆盒应是标准的园柱形，天池底部的定位十字线应正交，即呈九十度角。

2、顶针应固定在天池十字线的交点上，并与天池的底面垂直，顶针的尖头不能有损伤，如果尖头受损，磁针的转动就会不灵活。

3、磁针必须垂直，有足够的磁性，两头的重量应一致。

4、天池盖最好是玻璃，用有机玻璃或塑料做盖子容易产生静电，对磁针有吸附作用，会影响测量精度。

5、盖上玻璃盖时，倒转天池，磁针应保持不掉下。将天池放入内盘时，应特别注意天池线的北要与内盘的子山正中对准。

内盘部分：

1、内盘上各圈层上的内容是风水罗盘的主要部分，要求盘面平整光滑、分格准确，字迹清晰。

2、地盘二十四山的子午卯酉应分别与周天三百六十度的 0 度、180 度、90 度、270 度重合，其他各盘都要按照罗盘的标准设置，各得其所。

3、内盘的内外圆必须标准，放进外盘后，与外盘的间隙应保持在合适的范围，宽紧适当，间隙太小则转动不灵活，间隙太大则会影响测量精度。

4、内圈宜稍紧，以使海底固定不松动。内盘圆心应与海底同心。

外盘部分：

1、外盘必须是标准的正方形，四个边不能弯曲、歪斜，放置内盘的圆凹的圆心应在外盘的几何中心。

2、罗盘盘面应平整光滑。

3、天心十道是读取内盘上各层内容的指示线，四个穿线孔必须分别定位于外盘四个边的中心点上。

4、有水准泡的罗盘，当两个水准泡的气泡都在中心时，海底的磁针应与盘面平行。

市面上所售的罗盘由于产地的不同，质量也有很大的区别。

一般来说现代电木罗盘的质量，要比传统虎骨木或银杏木的手工罗盘要精准。望购买罗盘时可按照上面所详列的方法去挑选。

三、罗盘使用须知

立向测向是风水学中最重要的事情之一，风水罗盘定方位立向的原理就是根据指南针原理。罗盘在使用时，首先要找出立极点，然后再下盘测向，在这只讲一下用盘的基本方法。在测量使用时，双脚平肩站稳，身体放松平稳站直；用两手把罗经托在胸前，双肘轻轻夹住身体，这样可以保证罗经最大可能的水平和平稳，将罗盘边缘平行于被测量物之边缘。然后双手的拇指拨动天盘，使磁针之尖形头与罗盘天池底座的180度子午线重合，转动到和指针重叠的位置，以定位的十字线读出的方向为该物体的准确方位。

四、罗盘的保管与维护

罗盘是风水师的基本工具，是采用磁力原理制成的一个很精密工具，不管在使用还是在保管的过程中，都需特别的讲究，就像民间地师开盘时将罗盘放在盛满大米的盘上一样，下面就主要讲一下罗盘的保管与维护注意事项。

1 罗盘上有特殊的文字符号，古代风水师认为罗经有平衡阴阳的灵力，有正气镇宅的作用，应爱护有加极为尊重，轻易不会露出来使用。不用时应放在干净、阴凉的地方。在外出旅途时，一定要注意强磁和撞击，可能引起罗盘上的指南针偏差或失效，更要防止旅途过度颠簸损害顶针。当罗经的质量下降，测量就会失误会。俗语：分金差一线，富贵不相见。大家可想而知后果的严重性。

2 如果您已经拥有一个罗经时，一定要记得小心保养和保护，不要曝露摆放。在使用罗盘时，要注意防止日光爆晒、雨淋，特别是铜面罗盘，爆晒容易加速盘面脱落，使用后要用软布擦干净。

3 当不使用罗盘时，应该放在平整的地方，最好的把罗盘面朝下。因为罗经里指南针的小针因为比较精细，日常存放时如果水平放置，可能会使磁针两端下垂变形，影响准确性。放置的地方忌近电源、金属及潮湿之所。尽可能避免因保养不当而产生误差。

4 更要注意的是，罗盘质量的好坏关系到测量的精度，并直接影响立向布局的准确性。罗盘本身也会有质量问题而导致的刻度偏差，这样在使用时，其结果将是不言而喻的。所以选用罗盘时一定要找一个专业的，质量相对好的。最好是在购买时，多用几个罗盘来校正对比精确度，这样买回的罗盘才能有保证，才能准确定出方位。

5 罗盘上的磁针一般都是永磁材料制作的，但使用时间太长，或受到高温、剧烈震动、放置的地方有较强的磁场影响，磁性会变弱，此时，磁针显得很不灵敏，或者只向不准。需要对磁针进行充磁处理，充磁时一定要注意极性，不可充反。在这告诉一个最简单的方法是：平置罗盘，先调校出子午方向，然后再子午方向两端放上大磁铁。正负极相对，让磁针置于磁化的空间里。一般放置五到七天，就能达到很好的充磁效果。

五、罗经的盘铭

　　一个完整的罗盘背面，通常载有文字，我们称为盘铭。盘铭是罗盘的理论精髓，一般体现一个派别用盘的理论依据，很值得学习研究。传承至今的罗盘主要分为三合盘和三元盘，所以罗盘盖面上的盘铭也有区分。主要表现在三合盘以"大游年歌"为主，三元盘以"蒋大鸿盘铭"为主。分列如下：

　　一、三合盘铭大游年歌

　　乾六天五祸绝延生，坎五天生延绝祸六。

　　艮六绝祸生延天五，震延生祸绝五天六。

　　巽天五六祸生绝延，离六五绝延祸生天。

　　坤天延绝生祸五六，兑生祸延绝六五天。

　　大游年歌的用法须同九星层结合起来，罗盘中的九星与八卦的搭配是不可以变换的，九星还有与八卦轮值相配的方式。"东西四位宅"中用的就是后一种方式。在居者的"命宫"算定以后，以该"命宫"（即八卦方位）为起始点，顺布九星与其余七卦相配，命宫配辅弼，所以是七星配七卦。八卦中每卦作起始点时，七星顺布的序列也不一样，这样就有八种不同的星卦相配。

　　二、三元盘蒋大鸿盘铭

　　天地定位，阴阳迭更，仰观俯察，河洛呈文。

　　先后八卦，体用咸明，抽爻换象，阖辟相寻。

　　五德为纬，四七为经，宫移度改，分秒殊情。

　　嗟彼庸术，罔识权衡，删邪表正，协古宜今。

　　分元定卦，测日推星，天根月窟，来往皆春。

　　蒋大鸿盘铭乃蒋公点穴定向，体用之元微，至精之论也。无极先师的真传，凡物必有体用，由体而立；凡物必有用体，由用而神；故有先天即有后天，先天为体后天为用，此亦造化之至理也。地为体天为用，此乃万物生生化化之机也，后天之数原本出自洛书，上应北斗星主宰天地，周流六虚而无所不至，此阴彼阳无时不在易，即二十四龙阴阳颠倒变化错综都由于此，顺逆阴阳亦由此，故曰理气之正宗，传心之至理也，阐明天地之元机，一阴阳尽之辟阴阳之堂奥。

盘铭是用罗盘之宗旨。"天地定位，阴阳迭更，仰观俯察，河洛呈文。先后八卦，体用咸明"。此即明玄空之理，与先后天之体用。河图为先天，洛书为后天。先天论龙水，后天论坐向。龙水为形，依形察气；后天为之吐纳乘气，故亦为气之用。

"抽爻换象，阖辟相寻，五德为伟，四七为经，宫移度改，分秒殊情。"抽爻换象，即是卦之变换。一卦管三山，而一卦有三爻，爻变而卦亦随，是谓抽爻换象也。阖即合，辟即是开。开合阴阳而寻生旺之气，此即地师之责。五德指五行，五行以仁义礼智信别别为德；四七即二十八宿。此以列宿象天时。"宫移度改，分秒殊情"，隐含兼线用替星之意，用替为玄空家极大秘密，而用替亦名为"抽爻换象"。蒋多很生气古人的不懂风水的风水师。点明俗师不辨真伪，于是罗盘便多花样。蒋氏但将罗盘分为四层，其余无用者悉皆删除是为删邪表正。持此罗盘分元定卦，测日推星，于是阴阳往来无不生机勃勃。

还有的把此段称为，蒋大鸿所著的葬乘生气选择秘旨。全盘体现了天分星宿，地列山川，因形察气之义旨。即山川而合河洛之定位矣，即来时亦要天星七政合其生气，若葬不合其生气，地吉葬凶，与弃尸无疑，故《天元五歌》亦将日月元化万象包罗在掌心，而掌心二字，明明即是黄石公天心正运之义。总由乎指掌之间也，再以天星选吉配之，没有不吉的。日月元化之法，正乃杨公所取太阳到山到向，或在山向山命八神位，上方为有力。九宫八卦取用，惟重南北东西易于往来流通，而虽不曰西北东南，则西北东西亦在其中矣。盖南北为天地始终之气，东西为天地出入气。则东北西南为天地寄生浮浅之气，又为中五厚浊之气，虽应元而发，不得到悠久，总无甚大秀。

三、无极子授蒋大鸿的天心正运图铭

先天八卦查气，用于穴中，后天八卦看形，用于外象。河图辨阴阳之交媾，洛书察甲运之兴衰。先天之象，乃阴阳对待之体。对待之中，化机所出，造物之意原起于此。

故曰：天心洛书之数，上应九星，宰持天地，布渡六甲，干维元运，而挨星衰旺之辨，又皆从中推出，故曰正运。

以此可窥视玄空风水的传心精髓。

无极子授蒋大鸿天心正运图

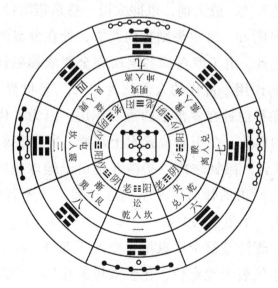

第二章

罗盘三十六层详解

第一层　天池

　　第一层是天池，或天地，也即太极，总是指南针所在的地方。磁针红头指向南方，另一头则指向北方，处在罗盘的正中央，是指示方位的工具。由于罗盘面各层次完全要依赖磁针定方位，所以有开天辟的作用。古代的人们认为"天"是世界万物的主宰，以"天"来象征磁针在罗盘上的重要作用，因为古代罗盘的磁针是注水浮针的形式，在中心位置水上浮着，所以我们又叫罗盘的中间位置为天池。磁针之所以指南北是由于地球磁场的引力，不是《罗经解定》讲的什么"子不离母"和"子不背父"，也不是因为中央属土，土生金的关系。

　　天池中的磁针是整个罗盘最重要的一部分，除了能指示南北的方向外，还代表天地定位，化生太极的作用，所以在选购的时候，一定要观察罗盘磁针的好坏。罗盘盘面有三个二十四山方位，除磁针方位外，在罗盘中间的二十四山向是极星方位，称为中针，也叫人盘。在罗盘外圈的二十四山向是日景方位，称为缝针，也叫天盘。

正针依靠天池内的磁针指示天地定位的南北方位，北方正位是指向缝针二十八宿的虚宿和危宿的界缝，南方正位是指向二十八宿张宿三度，所以校正罗盘要把天池内底面（通称海底）的红线北方必须对正虚危二宿的界缝，南方对正张宿三度。

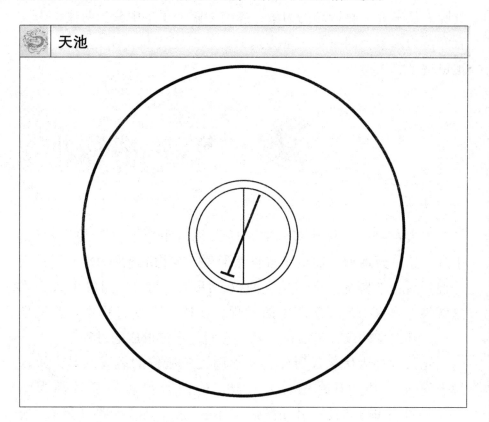

天池

王赵卿著《南针诗》说：

虚危之间针路明，南方张宿上三乘，

坎离正位人难识，差却毫厘断不灵。

古代的人们认为，太极化生万物，一为太极；二为两仪（阴阳、乾坤）；三为三才（天、地、人）；四为四象（东、南、西、北，春夏秋冬）；五为五行（金、木、水、火、土）；六为六甲（甲子、甲戌、甲申、甲午、甲辰、甲寅）；七政（日、月、五星）；八为八卦（乾、坤、艮、巽、震、坎、兑、离）；九为九星（文、破、廉；禄、巨、武、弼、贪、辅）；十为洛书成数九加一。

立规矩、权轻重、成方圆，莫不由磁针与天池始定。如果罗经无天池，则子午无定位，阴阳不能分辨，八卦九宫不能识别，龙向气脉无从考究。磁针动而为阳，静而为阴。子午中分为两仪，两仪合卯酉为四象，四象合四维为八卦，八卦定方位，于是天道自成、地道自平、人道而立。

第二层　先天八卦

先天八卦，又称伏羲八卦，传说是由距今七千年的伏羲氏，上观天象下察地形，而仿宇宙自然形象，观物取象所作。《易，系辞说》说："易有太极，是生两仪，两仪生四象，四象生八卦。"这就是先天八卦及其次产生的过程。在这个演变过程中，首先是太极，其次是两仪，最后是八卦，它们是宇宙形成的过程。

先天八卦为伏羲氏所作，先于周文王所作的后天八卦，所以称为先天八卦。不论先后天八卦，他们所代表的符号都为乾（天）、坤（地）、艮（山）、兑（泽）、震（雷）、巽（风）、坎（水）、离（火），在真正的运用中，先天八卦为体，后天八卦为用。

所谓"体"，是根本、是基础、是宇宙的本源，是宇宙原来的自然现象。《说卦传》说："天地定位，山泽通气，雷风相薄，水火不相射，八卦相错。"意思是：太极化生上天下地互相配合定位，山（岭）和泽（水中重聚）互通气息，雷雨风云相互出入而过遍，水与火不相射而是互相的资助，八卦之内天地山泽雷风水火是互相交错的，即是各卦内在的自我阴阳，和各卦相互发生的阴阳关系斗争，是永恒关系相互生化的过程。

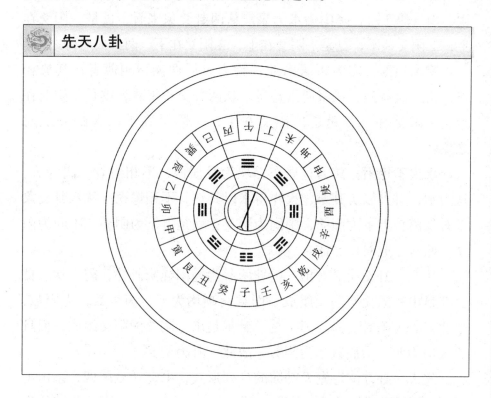

先天八卦的卦序是：一乾、二兑、三离、四震、五巽、六坎、七艮、八坤。《易，说卦传》说："天地定位，山泽通气，雷风相薄，水火不相射，八卦相错，数往者顺，知来者逆，是故易逆数也"。这是先天八卦方位的理论依据，是讲八卦自身匹配对待之体的。

按其所代表的东西的性质两两相对，分成四时，每对都是二个性质相反的东西，相对立的站在各一端，即阴阳相对，这四对东西交错起来，就构成了先天八卦方位图。我们从图中分析出阴阳相对的关系。

天地定位：乾南坤北，天居上，地居下，南北对峙，上下相对。从两卦爻象来看，乾是三阳爻组成，为纯阳之卦；坤是三阴爻组成，为纯阴之卦，两卦完全相反。

　　山泽通气：艮为山居西北，兑为泽居东南，泽气于山，为山为雨；山气通于泽，降雨为水为泉。从两卦爻象来看，艮是一阳爻在上，二阴爻在下；兑是一阴爻在上，二阳爻在下，两卦成对待之体。

　　雷风相薄：震为雷居东北，巽为风居西南，相薄者，其势相迫，雷迅风益烈，风激而雷益迅。从两卦爻象来看，震是二阴爻在上，一阳爻在下；巽是二阳爻在上，一阴爻在下，八卦成反对之象。

　　水火不相射：离为日居东，坎为月居西，不相射者，离为火，坎为水，得火以济其寒，火昨得水以其热，不相熄灭。从八卦爻象来看，离是上下为阳爻，中间为阴爻；坎是上下为阴爻，中间为阳爻，两卦亦成对待之体。

　　从八卦卦爻明显看出，乾坤两卦为纯阳纯阴卦外，震、坎、艮卦都是由一阳爻两阴爻组成，而且爻画均为五，为奇数，为阳数，故此三卦为阳卦。巽、离、兑三卦都是出一阴爻两阳爻组成，而且爻画均为四，为偶数，为阴数，故此三卦为阴卦。

　　先天八卦方位与先天卦数的排列形式，由乾一至震四，系由上而下，再由下而上旋至巽五，由巽五至坤八又由上而下，其路线形成 S 形的曲线，这种运动方式称为"逆行"，从 S 的迹形运动中，由乾至坤是按先天卦数乾一、兑二、离三、震四、巽五、坎六、艮七、坤八排列的，这种从上而下，先左后右，由少至多的数字排列方式，称作"逆数"，反之，由坤至乾，从下面的开始，由下而上，先右后左，由多至少的数字形成倒行的方式，称作"顺数"。

　　按先天八卦乾坤、艮兑、震巽、坎离两两对待之本，每一对中都含有顺逆、奇偶、阴阳。即阴中含阳，阳中含阴，阴阳错综交变，这也是先天八卦方位图中的矛盾对立统一的辩证思想，是八卦本着阴阳消长，顺逆交错，相反相成的宇宙生成自然之理，来预测推断世间一切事物，数不离理，理不离数。

先天八卦次序

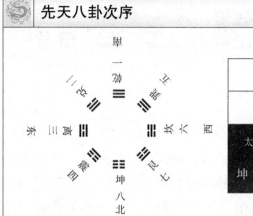

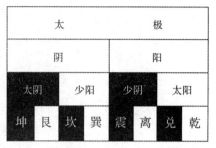

太		极	
阴		阳	
太阴	少阳	少阴	太阳
坤　艮	坎　巽	震　离	兑　乾

先天（伏羲）八卦
先天卦配洛书之数

先天（伏牺）八卦次序

先天卦配河图之象

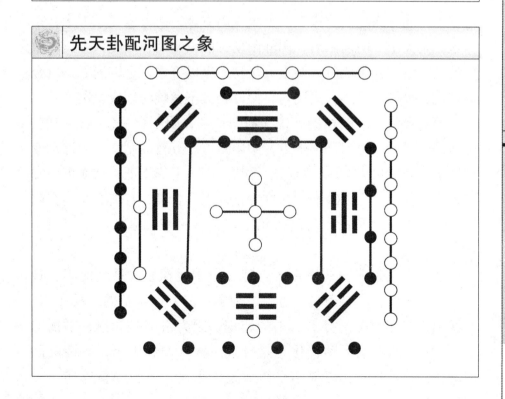

第三层 洛书

　　洛书古称龟书，传说大禹治水时，有一个乌龟从洛水里浮出来，背上有这个图案，我们的老祖宗大禹受到了启示，并利用这个启示，治理了中国的水患。洛书的结构是戴九履一，左三右七，二四为肩，六八为足，以五居中，五方白圈皆阳数，四隅黑点为阴数（见图）。古人对洛书推崇备至，认为它能含盖人间万事万物，目前，学术界公认中国古籍第一次记载河图、洛书的是西周初期王宫史官的《尚书·顾命》篇。

　　洛书，盖取逆克之理。逆克者，以阴克阳，右行也。故中土克北方水，北方水克西方火，西方火克南方金，南方金克东方木，东方木克中央土。阴前阳后，阴静阳动，静以制动，以克为主，收敛成就之功也。收敛成就，乃金火之功，火以炼之，金以刑之，故金居火位，火居金位，金火同宫，而万物无不藉赖陶熔成就矣。

　　河图和洛书一般相提并论，河图形圆，阴阳合一，五行一气，无为顺生自然之道。洛书形方，阴阳错综，五行克制，有为逆运变化之道。圆以象天，一气流行，浑然天理，无修无证，从太极中安身，所以了性。方以象地，两仪变化，天人合发，有增有减，在阴阳中造作，所以了命。与河图相比较而言，洛书标志着中国原始文化的更高成就。

　　河洛文化是我国初民在于自然斗争中所探索、总结适用于日常生活、农业生产、天文、时令、医学、占卜预测学的一种工具。在我国古文化中无不打上洛书的印记，因为洛书是和谐、平衡的象征。一切事物的运动转化总是打破平衡又回归平衡，平衡的同时又孕育着不平衡，局部不平衡而整体平衡，平衡的整体在一个更大的体系中又是个不平衡的局部，从而促进整个人类社会的进步发展。

古人由河图洛书又推衍出先天八卦和后天八卦。河图推演出先天八卦，洛书推演出后天八卦。同时，河洛二图一旋转起来，就又产生了太极图。河图为体，洛书为用。河图、洛书与天文学相结合就能推算出时令，服务于农业生产。河图、洛书与地理学相结合，就产生了风水学，服务于建筑业。河图、洛书与人体的五脏六腑相结合，就产生了中医学，服务于人类的健康。河图、洛书与武术相结合，就产生了太极拳，她既能健身，又能防身；既有健美效果，又能陶冶情操。

河洛文化的魅力吸引了许多中外学者对洛书进行长期的研究，认为其是中国先民心灵思维的最高成就，可以说洛书包罗万象，奥妙无穷，其小无内，其大无外，用之言天则天在其中，用之言地则地在其内，用之言人而人不在其外。它奠定了中华文化的初基，是中华民族原始文明的渊源，是人类最为珍贵的历史文化遗产之一。

《周易·说卦传》：帝出乎震，齐乎巽，相见乎离，致役乎坤，说言乎兑，战乎乾，劳乎坎，成言乎艮。帝者天之主宰。邵子曰：此卦位乃文王所定，所谓后天之学也。万物出乎震。震，东方也。齐乎巽，巽东南也。齐也者，言万物之洁齐也。离也者，明也。万物皆相见，南方之卦也。圣人南面而听天下，响明而治，合取诸此也。坤也者，地也。万物皆致养矣。故曰致役乎坤。兑，正秋也。万物之所说也。故曰说言乎兑。战乎乾。乾，西北之卦也，言阴阳相薄也。坎者，水也，正北方之卦也，劳卦也，万物之所归也，故曰劳乎坎。艮，东北之卦也，万物之所成终而所成始也。故曰成言乎艮。上言帝，此言万物之随帝以出入也。

意思是：帝，万物的主宰，即天，宇宙，大自然。齐，整齐，地气上升，如禾麦穗生长上升。相见，即相显。役，事也，戍边也，使役。说，同悦。战，斗也，斗争。劳，犹事也，"役以先民，民忘其劳"。成，成功，事物运动的终点。

帝，天主生万物是先由东方震木，到东南方巽木，万物是生长到整齐了。如禾麦的穗上平。到南方离火，万物生长齐明相见。到西南方坤地，万物都生长到了致养成熟的戌边。万物到兑西，万物喜悦快到收获期。再到西北方乾金卦，万物竞养相斗争。到北方坎卦，则万物收获归藏。再到东北方艮土，万物止生，即是万物生长全阶段终止，又是新的万物发生的萌芽期。

简而言之，万物发生于东方震属春，旺盛于南方离属夏，收获成熟于兑属秋，归藏于北方坎属冬。是推后天八卦的卦位。

《说卦传》曰：乾，天也，故称乎父。坤，地也，故称乎母。震一索而得男，故谓之长男，巽一索而得女。故谓之长女。坎再索而得男，故谓之中男。离再索而得女，故谓之中女。艮三索而得男，故谓之少男。兑三索而得女，故谓之少女。

震☳……一索得长男，巽☴……一索得长女，
坎☵……二索得中男，离☲……二索得中女，
艮☶……三索得少男，兑☱……三索得少女。

先天八卦是伏羲观宇宙万物自然现象而作的。后天八卦是文王根据先天八卦的性能为人的需求而加以运用而作的。所以说"以先天八卦为体，后天八卦为用"。如先天的乾，象天，所以序位于上。坤象地，所以序位于下。离象日，日出东方，所以序位于东。坎象月，古人视为月出西方，所以序位于西。后天八卦以离（日）发热属火，南方火旺，所以移位于南，四季为夏，二十四气是夏至。坎无热属水，北方水旺，所以序位于北。四季为冬，二十四气是冬至。震为雷，雷发于东，性属木，东方木旺，所以序位于东。四季为春，二十四气是春分。兑为泽，性属金，西方金旺，序位于西，四季值秋，二十四气是秋分。其它如十二时辰、二十四山向、七十二候、演禽、推三奇、排八门都是依据后天八卦而推演，

这就是后天八卦所以为致用。

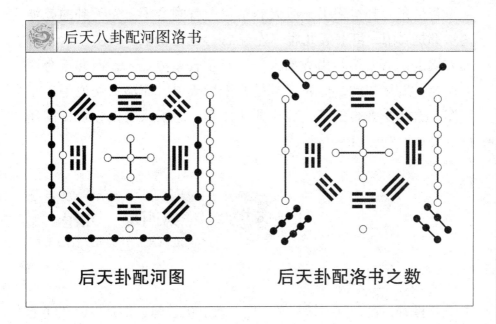

后天卦配河图　　　　　后天卦配洛书之数

《钦定协纪》："河图之一六为水，即后天之坎位也。三八为木，即后天之震巽之位也。二七为火，即后天之离位也，四九为金，即后天兑乾之位也。五十为土，即后天之坤艮，周流四季而偏旺于丑未之交。整幅图用以象征金木水火土五气之顺布也。"

《协纪》："火上水下，故九为离一为坎。火生燥土，故八次九而为艮。燥土生金，故七六次八而为兑乾。水生湿土，故二次一而为坤。湿土生木，故三四次二而为震巽。以八数与八卦相配而后天之位合矣。"

《罗经解定》说："先天八卦本于河图，后天八卦本于洛书。"是没有道理的，从上面的先天卦配河图洛书及后天卦配河图洛书来看，是不恰当的。应该是先天卦本于洛书，后天卦本于河图。如先天卦配河图之象，乾属金，配河图二七为火。乾属阳，河图二七的二是偶数。后天卦本于洛书，洛书戴九应为乾，履一应为坤，戴九为后天离，履一是坎，似乎不合。而且洛书戴九履一左三右七

精解罗经三十六层

均属奇数，而后天坤离二卦却是阴。

若是先天卦本洛书，后天卦本河图就吻合了。先天卦的乾坤离坎都是属阳，洛书戴九履一左三右七也是奇数。河图一六正合北方坎水，二七正合南方离火，三八正合东方震木，四九正合西方兑金。虽然如此，但先天卦是先于后天卦，而洛书又说是后于河图，这就令人难解了。现代的用法是，后天八卦以乾坎艮震属阳，巽离坤兑属阴。

第四层　九星

九星者，贪、巨、禄、文、廉、武、破、辅、弼是也，北斗七星加上辅、弼两星。北斗星本来是七星，即第一星天枢，第二星天旋，第三星天机，第四星天权，第五星天衡，第六星阳豆，第七星遥光。第一星至第四星为魁，第五星至第七星为杓，北斗七星加上洞明隐光二星共称为九星。北斗星由七颗亮星组成，形似斗勺，易于辨认，故有此名。按现代国际星名的命名体系，北斗星属于大熊星座。北斗星周年绕北极星旋转。它的勺头两颗星叫"指极星"，指向北极星，这样就可以帮助我们在夜间辨认方向。《淮南子》曰：斗柄东指，天下皆春。斗柄南指，天下皆夏。斗柄西指，天下皆秋。斗

柄北指，天下皆冬。可见我们的祖先在很早的时候，已十分重视北斗七星，就发现利用黄昏时观测斗柄的指向，是确定季节变化的重要标志之一。

北斗七星来源于古代天文历法，早在汉代出土的司南盘面，就已经有北斗七星的注记。我们现在用的九星的名称是源于唐代以后的近代地理术。杨筠松《青囊奥语》也有贪狼、巨门、文曲、廉贞、武曲等名称，一般不用于翻卦，而是以九星五行来命名水火金木四局。

九星的名称在实际运用中是很多的，现总结一下在各家地理术书上常见的有：

第一星，天枢，贪狼，生气，紫气。　木

第二星，天旋，巨门，天医，五鬼。　土

第三星，天机，禄存，绝体，延年。　土

第四星，天权，文曲，游魂，六煞。　水

第五星，阳衡，廉贞，五鬼，祸害。　火

第六星，阳豆，武曲，福德，天医。　金

第七星，遥光，破军，绝命，绝体。　金

第八星，洞明，左辅，本宫，伏位。　土

第九星，隐光，右弼。　　　　　　　　火

古代对九星的说法不一，还有认为是四方和五星。但罗盘中的九星是贪、巨、禄、文、廉、武、破、辅、弼，它与二十四山向、五行相配合，组成一系列的吉凶，尤其在玄空风水上的组合使用很广泛，所以我们很有必要记住它。

关于九星还有一个传说，姜子牙为周文王所用，打败纣王建国后，在中国九处地方打下了九个神鼎，定周朝江山800年。故有"九洲"之说。代表了风水术里的九颗星。

九星之中，贪狼、巨门与武曲三星为吉，辅弼无吉凶，其余四星为凶。三吉星所纳天干合称为六秀。《玄女经》中说："三吉六秀，势定于此"。星有吉凶，它所配的二十四向占断也就有了一种依据。术诀有："破禄廉文是恶龙，世上坟宅莫相逢"。这就是说，与破、禄、廉、文四星相配的方向是可能对居处有危害的方向。

第五层　二十四天星

说到二十四天星就要说一下天星风水，天星风水是风水术中的一个分支。上古时代，人们通过观看天象，研究星辰变化，取其天地人对应的关系，凭借天象来推测祸福吉凶。例如：一日有二十四时，一年有二十四节气，而对应风水罗盘上有二十四山向，古人也就用天星来命名为：天皇、天厩、天鬼、天乙、少微、天汉、天关、天战、天帝、南极、天马、太微、天屏、太乙、太罡、天官、天命、天苑、天棓、天市、天厨、天汉、天垒、天辅。二十四星对应天下山川地理，天星有美恶，我们取天光下临应与之对应，则地亦有吉凶矣，早在《史记天官书》中就有天星名字的记载。

天星风水顾名思义就是靠天上星斗的四季朝夕变化来看风水，现在流传下来的风水学看吉凶，是根据现在所存地理环境和周围的事物来断定，某处的风水吉凶程度，继而判断阴阳宅吉凶。而天星风水学不管沧海百年，山川河流如何转变，大地如何的变迁，都可以利用天星风水学将最好的穴位找到，这绝对不是仅凭山川外貌来看风水了，而是凭借天象来断定好风水。所以有一种说法，风水学术中最难掌握的就是天星风水。但是在实践中，要想做到真的融会贯通，运用自如，灵验无比，哪一种风水都不是那样简单。

大家都知道，中国风水学主要分为峦头与理气两大部分。峦头部分的内容，无论何种风水体系，大体相差无几，都讲究峦头龙穴砂水之"美"，即龙要起伏、过峡、开帐而生机活泼、雄伟壮观，"无个字不成龙，无分金不出脉"，穴要自然生成，且山环水抱，砂水要山水秀丽有情，堂局要开阔方正，这才能立向。所以有一种说法叫峦头无假书。但其理气就有偏向于何种理论的差别。就中国风水理气而言，大体分为三个体系：一是三合风水，二是天星风水，三是玄空风水。当然，还有其它理气体系，都因影响不大，创立时间不长，形成的影响也不大，不在此多说。在此只把现在主流的三个体系做个浅析。

中国风水学，博大精深，源远流长，霜风沐雨，久经不衰。三合风水起源于唐朝，是时任光禄大夫的杨筠松所创。到了清代，以赵九峰为主要代表，将三合风水理论进行了全面系统整理，使三合风水理论更加尽善尽美、深入人心。其理论基础分五大类，即"龙、穴、砂、水、向"，也就是"寻龙、定穴、观砂、觅水、立向"。由于好学易懂，真正掌握的实效性立竿见影，所以一直延续今天，形成风水理气三大派之一。

天星风水的创始人就是赖布衣，到了清代，以张九仪为其代表人物，对天星风水理论进行继承、发展，使其理论更加完善，其拨沙法与辅星水法，堪称理气风水之最，中国传统风水一绝。

玄空风水是当今风水界的一大门派，以"沈氏玄空学"为最杰出的领军，其理论以洛书九星为根本，外取自然环境的山水实物为依据，结合三元气运学说，通过排龙立穴、飞星布盘和收山出煞等独特的风水理论，神奇的预测功能和灵验无比的风水学术，让人叹为观止。其理论精髓深刻地反应了天道运行，地势相应的自然法则。

真正的三合风水、天星风水、玄空风水的理论，都是中国风水学的理论精髓。三合风水理论核心内容是向水相符的三合局，龙水配合的立向诀。实践运用中要求龙、水、向三联珠。并强调龙

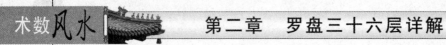

和水必须来自生旺之方，水务必流归墓库。以地盘双山立向，双山五行体系消砂纳水，从向上起长生以纳水，从坐山起长生以消砂。也就是五行长生十二宫理论、阴阳八卦、河洛理数理论、三合六合理论的综合运用理论。现代人由于受玄空风水思想的影响，尤其清朝以来，比较排斥三合理论，但我要告诉大家的是，三合风水也是正宗的风水，在实践应用中也是灵验无比的，只不过能真正掌握和准确运用的实在是凤毛麟角。

天星风水理论核心内容是赖公的二十八宿与人盘消砂法，纳甲法，和赖公的辅星水法，即地九翻卦消砂和天九翻卦纳水。利用二十八星宿五行与宅坐山五行所产生的一种生克关系来论吉凶。砂与坐山同五行为旺砂为最吉，砂生坐山为生砂为吉，坐山克砂为奴砂为次吉，坐山生砂为泄砂为凶，砂克坐山为杀砂为最凶。但这种消砂法一般不单独使用，而是与地九翻卦消砂参合使用。纳甲法，以先天卦配后天卦，乾纳壬甲，坎纳癸申子辰，艮纳丙，震纳庚亥卯未，巽纳辛，离纳壬寅午戌，坤纳乙，兑纳丁巳酉丑。辅星水法，即地九翻卦消砂和天九翻卦纳水。地九翻卦法以入首龙卦（坐山卦）卦位起辅，用黄石公翻卦掌推算，依次排辅、贪、巨、禄、文、廉、武、破。天九翻卦法以向上起翻卦，依次排辅、武、破、廉、贪、巨、禄、文。其中贪、武、辅、巨为吉，禄、文、廉、破为凶。翻卦法消砂纳水是天星风水的精髓。综合起来说，天星风水是天星二十八宿、先天纳甲、九宫八卦、九星翻卦、河洛理数理论为主的综合理论。

玄空风水是结合地形环境，运用三元九运和紫白飞星在八卦九宫的运行规律，堪测时间和空间对人类生存和发展所产生影响的一门自然文化科学。理论核心是二十四山分天地人三元阴阳龙，挨星下卦，收山出煞以及兼向替卦之坤壬乙起星诀。

寅、申、巳、亥属阳；子、丑、卯、辰、午、未、酉、戌属阴。地支在三会局或三合局中第一位是男人属阳，后面是女人属阴，这是与古代人认为男为阳女为阴的思想行为相符的。甲、丙、庚、壬属阳；乙、丁、辛、癸属阴。乾、坤、巽、艮属阳；离、坎、震、兑属阴。《青囊奥语》："颠颠倒，二十四山有珠宝"指挨星时，山向两星进行阴阳顺逆飞布。阳顺飞，阴逆飞，互为颠倒。如果用在理气与峦头关系上，就是调整两者的矛盾。收山出煞即《青囊奥语》中"山里龙神不下水，水里龙神不上山"。山管人丁，水管财。收山出煞理论现简述如下：旺、生气之山星方宜见山，不宜见水，谓之收山；退死煞之山星方宜见水，不宜见山，谓之出煞；旺、生气之向星方宜见水，不宜见山，谓之收水；退死煞之向星方宜见山，不宜见水，谓之出煞；旺、生气之山星与旺、生气之向星之宫，宜平地，忌见山见水，谓之出煞；旺、生气之山星与退死煞之向星之宫，宜山忌水，谓之收山出煞；退死煞之山星与旺、生气之向星之宫，宜水忌山，谓之收水出煞；退死煞之山星与退死煞之向星之宫，宜平地，忌见山见水，谓之出煞。

综合说来，玄空风水是三元九运、紫白飞星、九宫八卦、五行阴阳、河洛理数理论为主的综合理论。

"峦头"无"理气"不灵，"理气"无"峦头"不验，这是一个千古永恒的哲学道理。两千多年前的三合风水能流行至今，易理精深的天星风水能被很多人所睛睐，神奇而灵验的玄空风水能风行当今世界，中国三大风水体系在实践中，往往都有异曲同工之神效。为什么？答案只能是风水是我国人民聪明智慧的结晶，是人们在不断努力反复实践总结出来的宝贵经验，有着极其深奥的科学理论和极为宝贵的使用价值，以其强大的生命力和科学性流传至今，为国内外众多人们所重视。能经受实践的检验，所以说学风水，当从游累年，精思实体，学得理论，努力实践，读圣贤书，行万里路，造福全社会。

第六层　正针二十四山

　　正针二十四山也叫内盘，二十四山由八个天干、十二个地支、以及乾坤艮巽组成，二十四山向分一个圆周为二十四格，每格占十五度。共计三百六十度。为什么要取二十四这个数字呢？风水先生认为这是天地之成数，天数二十有五去一、地数三十去六，都是二十四。此数上应天时二十四节气，下行地中二十四山方。二十四方位的排列是：正北坎卦壬子癸、东北艮卦丑艮寅、正东震卦甲卯乙、东南巽卦辰巽巳、正南离卦丙午丁、西南坤卦未坤申、正西兑卦庚酉辛、西北乾卦戌乾亥，一卦管三山。二十四山的用途非常的广泛，又特别的重要，也可以说罗盘二十四山向是罗盘中最重要的一层，罗盘玩的就是二十四山。

　　大家都知道罗盘是风水师的操作工具，可是中国罗盘体制繁杂，品种繁多，我们常见的罗盘有三元盘、三合盘、综合盘、专用盘等。综合盘有以三合为主的综合盘，有以三元为主的综合盘，这种盘的特点是盘层数多，完全会用的人也最少。除专用盘是各门各派自行设计有针对性的罗盘外，这些罗盘基本作用都是用来定向的。无论哪一种罗盘，中间必有一层二十四山。但三合盘主要特征是由三层二十四方位组成，即有地盘正针、人盘中针和天盘缝针三圈，即三盘三针相合；三元盘又称卦盘或易盘、蒋公盘，主要特征是有易卦、有各种六十四卦圈层，且只保留一层二十四方位即正针二十四山，而二十四山阴阳分配格局又不同于三合盘，是三阴三阳相间，组成了天地人三元；这两种罗盘由于用法不一、浅深各异，后人又将其合二为一，变成我们现在的综合盘。但总的说来，罗盘看三针，即地盘正针、人盘中针和天盘缝针，其它诸层次都归属于这三针之下。三针都有二十四个方位。我们在后面就是以综合盘为主讲罗盘的每层。

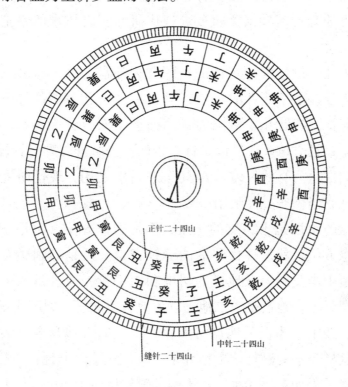

正针二十四山

中针二十四山

缝针二十四山

　　一正针。位于罗盘三针的内层，因而称为内盘。以天人地三才而分称为地盘，由于磁针的子午线是正子午方位，故另名子午针。正针所示方位是磁针所指的方位，即磁极的南北与罗盘二十四山的午中和子中一致，准确地说是磁针北极指向纬度0度，磁针的南极指向纬度180度。正针之名正是原于此。厉伯韶诀曰："先将子午定山冈，休把中针去较量。更用三七与二八，分金坐穴旺方良。"就是说罗盘的基本用法。用正针定山冈。正针及其七十二龙以及缝针是杨筠松创制的，所以正针和缝针又合称为杨盘。

　　二中针。位处罗盘三大针的中央，所以被称为中盘，以天人地三才而分名为人盘。因中针及其二十四天星是赖文俊创制的，所以又称为赖盘。中针所示方位是北极天星方位。由于中针的子午线处于正针的壬子和丙午的界缝上，罗盘上的中针在正针的右边。有的风水师以其作消砂纳水之用。其原理主要运用阴阳五行，所以每山的五行属性最为重要。现代研究玄空风水的常把它当做兼卦界限用。

三缝针。位处罗盘三针的外圈称为外盘，以天地人三才而分被称为天盘，由于缝针的子午正对正针子癸和午丁的界缝，因而得名为缝针。缝针和正针同为杨筠松创制而合称为杨盘。缝针所示方位是日景方位。缝针以正针二十四山为基准，顺时针转半格，在正针的左边。有的风水师以其作来纳水之用。现代研究玄空风水的常把它当做兼卦界限用。

罗盘的始祖是十二支的土圭，不是磁针方位，而是立杆观日影的日景方位，就是现代罗盘的缝针方位。但是等到磁石被发现后，才由土圭发展为天地盘的司南和六壬盘，天盘是八干四维以象天，司天气。地盘是十二地支以象地，司地气。到唐代杨筠松在地理术实践中，才把天地盘司南和六壬盘的天地盘合并为二十四山向，这样风水的磁针才更精确了，《天玉经》上说："先天罗盘十二支，后天加上干和维，八干四维辅支位，子母公孙同此推。"

正针是罗盘的主针。在地理术的应用，凡属格龙乘气，消砂纳水，布局，排（放）水以及立向坐穴，分金坐度，都以正针为主，中针和缝针是为正针而服务的。正针的方位，是磁针方位，是标准方位。也是人们感受地球磁场的方位，所以在三元玄空地理上，只用正针，别的针不用，是十分有科学道理的。

正针二十四山是分阴阳的，阴阳的分法三合盘与三元盘不同。三元盘的二十四山阴阳是依据天地人三元龙来确定的，而三合盘的二十四山的阴阳则是依据先天八卦与洛书的关系，以及纳甲之说和后天八卦四正卦的三合而制定的。在早期的部分徽盘和建盘中，在二十四山向一层之内往往单独列有"阴阳十二龙"一层，以红圈黑点标记以示分二十四山向阴阳两部分。当然更多的是只在二十四山向上用红色字体表示阳龙，用黑色表示阴龙，这是两层并作一层的改进做法，但在实际的罗盘上，三合盘的阴阳和三元盘的阴阳是不能同时出现，只有我们在选购的时候，挑选出适合自己习惯的罗盘来用。

正针方位就是磁针的南北正对正针的午中和子中，即是磁针北极正对二十八宿虚宿和危宿界缝（经0度）。磁针南极正对二十八宿的张宿三度（经度180度）。则正针所指方位就准确了。王伋《针路诗》说："虚危之间针路明，南方张宿上三乘，坎离正位人难识，差却毫厘断不灵。"正是说明正针的正确方位。

风水术是选择人居住场所的吉或凶，葬乘生气的关键，在于点穴定向。点穴是峦头方面的知识，在风水上为体，立向是风水上理气知识，在风水上为用。定向就是定居住场所在正针二十四山向的某一个山和向。正针立向问题，是地理术的关键问题。

第七层　挨星诀

挨星诀，即坤壬乙挨星口诀，主要运用在玄空风水上。玄空风水使用三元盘，又称作蒋公盘，主要特征是盘面上有易卦、甚而各种六十四卦圈层，且只保留一层二十四方位，即正针二十四山，而二十四山阴阳分配格局又不同于三合盘，是三阴三阳相间，组成了天地人三元；因为本书以综合盘为主，所以在讲解时保留了三合盘的地盘正针、人盘中针、天盘缝针和三元盘的易卦层，以及两种罗盘的其他主要圈层。综合盘层数细密，内容庞杂，常被人奉为罗盘之王。

我们在风水上寻得龙真点得穴的，最后立的向正。在玄空风水上，坐正向不兼左也不兼右，称为下"卦"，用下卦星盘就可以了。用九星阴逆，阳顺。若兼左兼右，称为"星"，则要用替卦起星盘。以下讲 兼向替卦诀口诀，这可是一个千古秘诀。关于兼向的口诀来历，还有一个故事，据书记载康熙二十七年，浙江会稽人姜圭（字汝皋）赠二千金给他师傅蒋大鸿。帮助蒋师购地葬亲。蒋师因感徒弟之恩，授以《坤壬乙挨星口诀》。姜圭于《从师随笔》中，把蒋氏所授之口诀，全部托出：

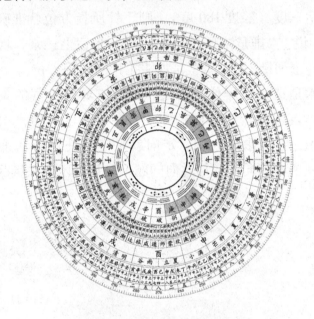

子癸并甲申，贪狼一路行。

壬卯乙未坤，五位为巨门。

乾亥辰巽巳，连戌武曲位。

酉辛丑艮丙，天星说破军。

寅午庚丁上，右弼四星临。

在此口诀中，二十四山全部有替。但细细查对，有十一个山是与自身重复的。即子、癸、午、丁、未、坤、酉、辛、戌、乾、亥，自身重复，就无须寻替，实际需要替的，只有十三个山，即：

甲申由一替，（贪狼）

壬乙卯由二替，（巨门）

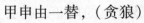

辰巽巳由六替，（武曲）

丑艮丙由七替，（破军）

庚寅由九替。（右弼）

以上的挨星诀的用法，是蒋派风水的用法。

但还有很多种挨星法的解释弄得世人大乱，我就把时下看到的挨星法就简单的说一下，挨星的小用法：哪种是替卦起星用的？哪种是飞星用的？哪种又是结合天星用的？哪种是排山龙和水龙结合飞星用的？哪种又是杨公的挨星？哪个是和司马头陀的五星城门法用的？请大家指正！

1、子癸并甲申贪狼一路行，壬乙卯未坤五位巨门临。

　　乾巽两宫位尽是武曲名，酉辛丑艮丙天星说破军。

　　寅午庚丁上九紫弼星临，阴阳顺逆皆位上详细分。

2、甲癸申，贪狼一路行；坤壬乙，巨门从头出。

　　子卯未，三碧禄存到；戌乾巳，四绿文曲照。

　　辰巽亥，尽是武曲位；艮丙辛，位位是破军。

　　寅庚丁，一例左辅星；午酉丑，九紫右弼守。

3、乾甲丁，贪狼一路行。坤壬乙，巨门从头出。

　　艮丙辛，位位是破军。巽庚癸，尽是武曲位。

　　寅午戌，文曲星头出。巳酉丑，禄存不需疑。

　　亥卯未，尽是廉贞地。申子辰，辅星为喜神。

　　中间为，弼星依火生。

4、坤壬乙申子辰，文曲从头出；巽庚癸巳酉丑，尽是武曲名。

　　乾甲丁亥卯位，贪狼一路行；艮丙辛寅午戌，天星说破军。

就拿以上几个来解释一下。

第1种法是飞星用的，替卦起星用的；也是山星和水星派配合飞星用的。不过有此法在配合山星和水星排龙的时候，必须把五（廉贞）归中不动！

第2种法是杨公挨星法，也合司马头陀的城门用（不过有区

别），其用法是：八乾卦纯阳后天为父颠倒，八坤卦纯阴先天为母颠倒。用的条件是：阴阳双双起，不可单用！

第3种法是一玄空派所用的，条件也是：前后双双起，不可单用！

第4种法是杨公进神水法的部分，三合向起长生（分四局）用的，不是其他的挨星，它和司马的城门相通（杀人和救贫黄泉，以及玄空四大交媾相通的）。用的条件是：要明水口和穴星的五星体型。

另附加：谈养吾在《玄空本义》之挨星章上讲的挨星诀之应用挨星章。

经云：惟有挨星最为贵，漏天机秘，又云：先天罗经十二支，后天再用干与维，八干四维辅支位，子母公孙同此推，父母交而生六子，乃成先天八卦，抽爻换象，再生子息，方成子母公孙，三生万物是玄关，即经谓识得父母三般卦，二十四龙管三卦是也。明此，则知子母公孙，系从抽换妙合而来，三般卦，三大卦，乃挨星中之取用作法，名异而实同，一而二，二而一也。称挨星者，一索二索三索也。至洛书九数，一二三四六七八九，即后天坎坤震巽乾兑艮离，随时流行之气，此挨星之用，非挨星之体也。盖不曰数，不曰卦，而以星名之者，乃阴阳之结晶，八卦九气，各有乘旺失令之时，阴阳消长之理，若称数与卦，则犹雌雄之情阴阳无据！

称以星名者，以天枢为言也。运干有时，气有实据，而挨星中犹无廉贞，具有深意，星而曰挨，正有性理之大义存焉，挨者轮也。六子不能同时入世，中枢非一星一时之私物，运有修短，气有交替，故无廉贞而曰挨星，曰子母公孙者，乃九气产生之伦序，雌雄交媾之排行也。父母老而退休，六子各自权衡，蒋注：经四位而起父母，一坎而中男中女，水火不相射也。四巽为长男长女，雷风相薄也。七兑为少男少女，山泽通气也。故曰三般，三般即一四七之三运也。曰三大卦者，乃三家之道，各各不同，世有以二五八三六九为言者，未明真旨也。长则辖乎江东，少则辖乎江西，惟中则辖乎江南江北，代父行事，为子息中之父母，气运最长，三卦各有兴替之期，经曰：四个一者，已暗示风雷矣，曰四个二者，已暗示山泽矣，曰八神共一卦者，已暗示水火矣，局有东西南北，水有前后左右，曰东西南北者，乃局运久替，山水旺衰之权衡耳，乃挨星之作法耳，首四句绎山泽之妙用，暗示二十四龙中，各具有三合在内，中二句巽指雷风，辰指天地，亥指水火，是言三大卦直达之用法，末二句甲癸申一卦，以补救之道申明之，曰一路行者，当上元初运时，雷风一卦，已可先时取用之，故此云云。

按： 挨星理气理论，玄空理气是以元运把九星划分为正神和零神两部分。正神代表人之元神，零神代表钱财之气，当正神落在来龙、入首、秀峰及高处时，为气形相合，表现人丁两旺，身体健康；当正神挨到出水口，水交会处、池湖、低空之处时，等于正神下水，家中就会有人患病，或有少年亡之凶事发生，零神是代表财气，水是它的附体，当零神排到水的出口，交会处、坑池及空虚低地时，亦为形气相合，主财源广进，自然经济富裕；当零神飞临来龙，山峰或周围高突之处时，财之形气分离，零神发挥不了应有的作用，那么，经济状况就不太好了，形家是："山管人丁，水管财，"理气则是："正神人丁，零神财，"但更重视形与气的统一，即"正神正位装，拔水入零堂。"玄空理气之大原则。

第八层　先天十二支

先天罗经十二支，后天再用干与维。

八干四维辅支位，子母公孙同此推。

十二支、十二次舍和十二辰作为黄道360°的基本空间单位出现得很早，而二十四山最晚也在西汉被广泛的使用于卜易，近年出土的汉朝司南亦发现有二十四山的刻度，证明二十四山罗盘最迟在汉代发明。若依史书记载，二十四山应该发明于伏羲。

曾公称十二地支盘为先天罗经，而二十四山盘为后天罗经，除了说明两种罗经出现的先后顺序外，还交代了其制作所依据的易学原理。十二地支之十二为四乘以三，四与中五所反映的是河图五行的生成关系，河图称先天，故十二地支盘曾公称为先天罗经，十二地支每支占据30°；而二十四为八乘以三，八合中五反映的是洛书五行的逆克关系，洛书称后天，故后之添加八干四维合十二地支中间部分而成的二十四山盘曾公称为后天罗经，十二地支和八干四维各占15°范围。二十四区合圆周三百六十度。

古人最初注意到的天文现象是太阳每天的东起西落，日复一日，年复一年。每天从子时开始，用十二个时辰表示了太阳的不同高度和方位，放到罗盘上就是每个30°的顺时针地支盘。而最早看到的叫先天。古人慢慢又注意太阳在恒星背景上的逆时针周年运动，且随着太阳在黄道上的每15°的位置移动，二十四节气也依次更替。一个周年运动是一年，一节一气是一月。将八干四维插入十二地支相邻各支的中间并覆盖左右地支各四分之一，形成了一个新的二十四单位、每单位15°范围的罗经实质上反映的是逆时针运行的太阳周年运动盘，因此管它叫后天罗经。由此可见，日时是用先天罗经来表述的，而年月则用后天罗经来表述。但真正的风水罗经二十四山中的地支却又是顺时针标刻的，这说明，风水罗经实质上是一个先后天复合的罗经，各支被八干四维之二两头覆盖，各7.5°，而各干维也都同时覆盖着两个地支。位于下面的十二地支是先天罗经，而覆盖于上面的八干四维及下面没有被完全覆盖而露出一半来的十二地支中间部分，就是后天罗经。从年月日时四柱时间来看，日时属河图先天，而年月属洛书后天。

只看见先天看不到后天固然不对，但只看到后天而看不见先天同样也是不全面的。现世盛行的飞星风水理论是光用后天而不管先天的，因此理论上又不完善的地方。谈养吾认为二十四山只是方位的代名词，关键在于抽爻换象，与传统的阴阳五行理论中，东方木南方火西方金北方水中央土这样的概念并没有本质上的联系，罗盘上东方甲卯乙的标刻只是一个习惯或巧合而已。谈氏这样的理解同样也是只看到后天没有看到先天，与杨公的风水理论也不相符合。

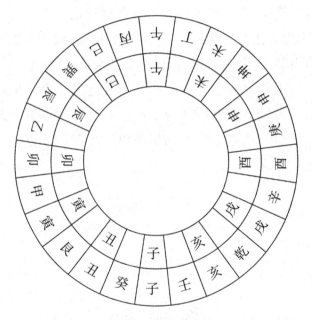

曾公指出，八干四维辅支位，则罗盘二十四方位里地支重而干维轻说得明明白白。道理何在？这当然是后天罗经的干维只是先天罗经里地支的边缘部分，而后天罗经的地支则是先天罗经里地支的中间部分，中间重而边缘轻，理所必然。以山为主而以水为配，因此宝照经才有"发龙多向支神取"一说。

子母公孙的推求当然也就应符合以上原理。细论宗支关系是《天玉经》的范畴，曾公没有深入交代下去。曾公把地支与天干分为两大类，杨公天玉经则是分为江东、江西和南北三般卦，进而分为东西二卦，然后是宝照经的天地人三元龙的运用原则，曾公所称的先后天罗经与杨公天玉宝照理论体系本质上是一致的，曾公是将杨公严密的理论体系予以简化和概括，二公所说并无矛盾之处。

　　无论是哪一种土圭的盘面都是用十二支注记方位而不是用先天八卦注记方位。而且十二支是天皇氏所作，先天八卦是伏羲氏所作，天皇氏先于伏羲氏，所以十二支先于先天八卦的创作。也可以说先天八卦的方位可能是根据十二支方位订定的，若说是先天十二支源于先天八卦是不正确的。

　　十二支的含义，《史记·律书》有这样说："子者，滋也，言万物滋于下也。丑者，纽也，言阳气在上未降，万物尼纽未敢出也。寅，言万物始生，然也。卯，卯之为言，茂也，言万物茂盛也。辰者，言万物之娠也。巳者，言阳气之巳尽也。午者，阴阳交也。未者，言万物皆成有滋味也。申者，言阴用事申贼万物也。酉者，万物之老也。戌者，言万物尽减也。亥者，该也，言阳气藏于下，故该也。"

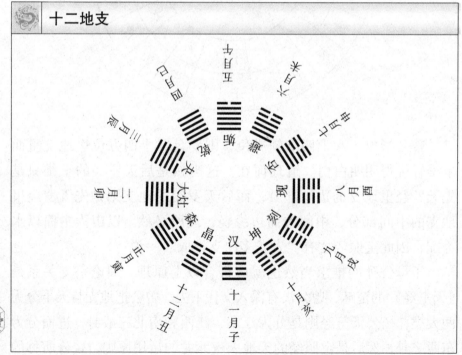

十二地支

十二月建十二支配卦：

《协纪辩方》上说：

正月建寅，泰卦。月令孟春。郑注曰：孟春者，日月会于娵訾，而斗建寅之辰也。正月三阳之月。泰，三阳之卦，故以配之。

二月建卯，大壮卦。月令仲春。郑注曰：仲春者，日月会于降娄而斗建卯之辰也。二月，四阳之月。大壮，四阳之卦，故以配之。

三月建辰，夬卦。月令季春。郑注曰：季春者，日月会于大梁而斗建辰之辰也。三月，五阳之月。夬，五阳之卦，故以配之。

四月建巳，乾卦。月令孟夏。郑注曰：孟夏者，日月会于实沉而斗建巳之辰也。四月，纯阳之月。乾，纯阳之卦，故以配之。

五月建午，卦姤。月令仲夏。郑注曰：仲夏者，日月会于鹑首而斗建午之辰也。夏至，一阴始生。姤，一阴之卦，故以配之。

六月建未，遁，二阴之卦，故以配之。

七月建申，否卦。月令孟秋。郑注曰：孟秋者，日月会于鹑尾而斗建申之辰也。七月，三阴之卦，故以配之。

八月建酉，观卦。月令仲秋。郑注曰：仲秋者，日月会于寿星而斗建酉之辰也。八月，四阴之月。观，四阴之卦，故以配之。

九月建戌，剥卦。月令季秋。郑注曰：季秋者，日月会于大火而斗建戌之辰也。九月，五阴之月。剥，五阴之卦，故以配之。

十月建亥，坤卦。月令孟冬。郑注曰：孟冬者，日月会于析木而斗建亥之辰也。十月，纯阴之月。坤，纯阴之卦，故以配之。

十一月建子，复卦。月令，仲冬。郑注曰：仲冬者，日月会于星纪而斗建子之辰也。十一月，冬至，一阳始生。复，一阳之卦，故以配之。

十二月建丑，临卦。月令季冬。郑注曰：季冬者，日月会于玄枵而斗建丑之辰也。十二月二阳之月。临，二阳之卦，故以配之。

日月所会之宫，叫做"月将"也称"十二宫次"。

　　辟卦，是说明十二月即十二支阴阳消长的消息卦，是乾坤二卦阳长阴消，阴长阳消终而复始循环互变的过程卦。阳长阴消是自复卦一阳始，二阳临，三阳泰，四阳大壮，五阳夬，纯阳乾卦。阴长阳消是自姤卦一阴始，二阴遁，三阴否，四阴观，五阴剥而纯阴坤。十二支是阳始于子而终于巳为乾，阴始于午而终于亥为坤。

　　《青囊奥语》云："左行为阳子丑至戌亥，右行为阴午巳至申未，雌与雄，交会合玄空，雄与雌，玄空卦内寻。"杨公古代地理术格龙乘气、消砂纳水对龙砂水在十二支气方面雌雄交会所分的阴阳。

　　《协纪辩方》上说："干支五行，天干，则甲乙属木，丙丁属火，戊己属土，庚辛属金，壬癸属水。地支，则寅卯属木，配东方。巳午未属火，配南方也。申酉戌属金，配西方也。亥子丑属水，配北方也。五星象又以寅亥属木，卯戌火，辰酉属金，子丑属土。而午则为日，未则为月者，则以子丑在下，故为土。午未在上，故为日月。寅卯辰巳申酉戌亥分布左右，则为四时之流行于天地之间，故以左右之合宫而别为木、火、金、水之序也。"

　　上述的地支五行，一为方位五行，寅卯辰三方处于东方属木，巳午未三方处于南方而属火，申酉戌三方处于西而属金，亥子丑三方处于北而属水。一为星家五行，以十二支掌部位，午未在上为日月，子丑在下为土，对宫相合（寅亥合，卯戌合，辰酉合，巳申合），子丑合即为化气五行，这也是我们常说的地支相合。

　　十二支五行的系统是庞大而复杂的。综合诸术家五行大概有：

　　一、正体五行，简称正五行，是诸家通用的基本五行，一切无形的基础。

　　二、洪范五行，是日家专用以遁龙墓运的五行。

　　三、八卦五行，是后天八卦的纳甲五行。

　　四、玄空五行，是近代地理术家消纳水神五行，其中有大玄空和小玄空的区别。

五、浑天五行，其中有盈缩龙五行和浑天星度五行。

六、双山五行，是杨筠松创的天盘消砂纳水五行。

七、化气五行，其中有天干五合化气，地支三合化气，地支六合化气五行。

八、四经五行，是近代地理术者误解曾文辿《天玉经序》的天地父母卦、大玄空消纳五行。

九、斗首五行，是《钦定协纪》折除的，以天干五合化气五行分属的五行。

此外，干支五行还有二十八宿消峰五行以及禽星五行……等，不胜枚举。

十二支五行，以正体五行为术家基本的应用最为广泛的五行。其次就要推郭杨曾古代地理术天盘的双山三合五行了。兹分别介绍于下：

十二支正五行：

亥子属水，寅卯属木，

巳午属火，申酉属金，

辰戌丑未属土。

十天干五行：

甲乙属木，丙丁属火，

戊己属土，庚辛属金，

壬癸属水。

八卦五行：

坎属水，震巽属木，

离属火，兑乾属金，

坤艮属土。

十二支奇偶阴阳：

奇数，子寅辰午申戌属阳。

偶数，丑卯巳未酉亥属阴。

十二支五行阴阳：

东方木，寅为阳，卯为阴。

南方火，巳为阴，午为阳。

西方金，申为阳，酉为阴。

北方水，亥为阴，子为阳。

中央土，辰戌为阳，丑未为阴。

十二支方位：

东方，寅卯辰。

南方，巳午未。

西方，申酉戌。

北方，亥子丑。

十二支三合及化气：

申子辰三合化水，

寅午戌三合化火，

巳酉丑三合化金，

亥卯未三合化木。

十二支三合煞方：

申子辰年月日时，煞南方巳午未。巳为劫煞，午为灾煞，未为岁煞，合称三煞。

寅午戌年月日时，煞北方亥子丑。亥为劫煞，子为灾煞，丑为岁煞，合称三煞。

巳酉丑年月日时，煞东方寅卯辰。寅为劫煞，卯为灾煞，辰为岁煞，合称三煞。

十二支六合及化气：

子丑相合化土，寅亥相合化木，

卯戌相合化火，辰酉相合化金，

巳申相合化水，午未相合化土。

十二支六冲：

子午相冲，卯酉相冲，

寅申相冲，巳亥相冲，

辰戌相冲，丑未相冲。

所谓相冲，是子冲午，酉冲卯。因为子属水午属火，水能克火，火不能克水，金可以克木，木不可以克金，即所谓"东冲西不动，南冲北不移。"

十二支相害：

子未相害，丑午相害，

寅巳相害，卯辰相害，

酉戌相害，申亥相害。

十二支三刑：

子刑卯，卯刑子。

丑刑戌，戌刑未，未刑丑。

寅刑巳，巳刑申，申刑寅。

十二支配天干禄和刃（乾坤艮巽没有禄刃，己戌的禄刃寄于丙丁）：

甲，禄在寅，刃在卯。

乙，乙，禄在卯，刃在辰。

丙，丙（戊）禄在巳，刃在午。

丁，丁（己），禄在午，刃在申。

戊，庚，禄在申，刃在酉。

己，辛，禄在酉，刃在戌。

庚，壬，禄在亥，刃在子。

辛，癸，禄在子，刃在丑。

十二支天马：

子马寅，丑马亥，寅马申，卯马巳，辰马寅，巳马亥，

午马申，未马巳，申马寅，酉马亥，戌马申，亥马巳。

十二支配天干阳贵人：

41

甲贵未，乙贵申，丙贵酉，丁贵亥，

戊贵丑，己贵子，庚贵丑，辛贵寅，

壬贵卯，癸贵巳。

阳贵人冬至后从未宫起贵顺推，辰戍为天罗地网不入贵人。

十二支配天干阴贵人：

甲贵丑，乙贵子，丙贵亥，丁贵酉，

戊贵未，己贵申，庚贵未，辛贵午，

壬贵巳，癸贵卯。阴贵人夏至后从丑宫起贵人逆推，辰戍不入贵人。

十二支记年月日时：

记月，称为子月丑月寅月卯月……亥月。

记日，称为子日丑日寅日卯日……亥日。

记时，称为子时丑时寅时卯时……亥时。

二十四小时配十二时辰：

子时，午夜十二时至凌晨一时。

丑时，一时至三时。

寅时，三时至五时。

卯时，五时至七时。

辰时，七时至九时。

巳时，九时至十一时。

午时，十一时至十三时。

未时，十三时十五时，

申时，十五时至十七时。

酉时，十七时至十九时。

戍时，十九时至二十一时。

亥时，二十一时至二十三时。

综合说来，十二地支是中国罗盘的核心，它象征着整个自然界的静止、运动和变化规律。较之先后天八卦的体用，更有细致性和全面性。广泛用于传统术数各个方面。在地理术方面，除用于择日外，无论是选址点穴、格龙乘气、消砂纳水、布局、排（放）水、开山立向、坐穴、分金、坐度，都是依此为基准。二十四山向的干维，只不过是起辅佐十二地支的作用。

第九层　八煞

龙上八煞

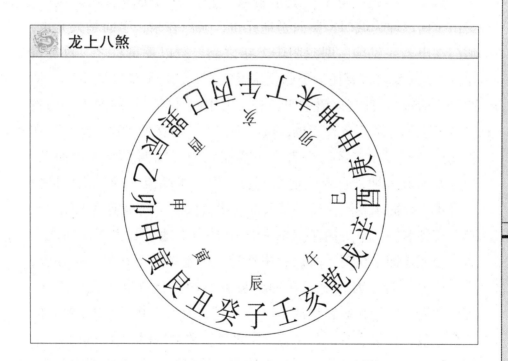

八煞分黄泉八煞和龙上八煞和黄泉八煞。二十四山的"龙上八煞"口诀为：

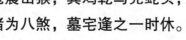

坎龙坤兔震山猴，巽鸡乾马兑蛇头，

艮虎离猪为八煞，墓宅逢之一时休。

黄泉八煞口诀：

> 庚丁坤上是黄泉，坤向庚丁不可言，
> 巽向忌行乙丙上，乙丙须防巽水先，
> 甲癸向中忧见艮，艮向须防甲癸嫌，
> 乾向辛壬行不得，辛壬水路怕当乾。

这些口诀理精义妙，句句可用，习三合者不能解，习三元玄空者可悟城门一诀。

黄泉八煞诀：庚丁坤上是黄泉一句，甲山庚向以坤为城门，癸山丁向以坤为城门，庚向是地元也，城门在未，丁向是人元也，城门在申若一见坤，即犯阴阳差错之病，故以黄泉目之。救贫黄泉："辛入乾宫百万庄，癸归艮未发文章，乙向巽流清富贵，丁坤终是万斯箱"。此哑谜语举四正卦，以用四维卦，可用四正卦为救贫黄泉也。乙辛丁癸人元也，城门辛在乾、癸在艮、乙在巽、丁在坤而已。不言在亥寅巳申者，包括在乾坤艮巽四维卦之内而已。庚向水朝流入坤，管教此地出贤英。丙向水朝流入巽，儿孙世代为官贵。甲向水朝流入艮，管教此地出公侯。壬向水朝流入乾，儿孙金榜姓名扬。甲庚丙壬之向皆四维卦内之地元卦也。凡向之左右水合元运即是城门，所以：庚在坤，丙地巽、甲在艮、壬在乾，是辰戌丑未者，因此地元在坤巽艮乾之内。至黄泉不言于天元。无论杀人、无论救贫、宜活用不可死用，杀人、救贫毫厘之间耳。三合者最忌黄泉八煞，黄泉有一定之理，要合城门、合气运、合十也。得三元真传的可化解。凡水法得法为城门，不得法即为黄泉。形理博大精深，"书不尽言、言不尽意"每诀都深藏理气精髓，需读者深思研究。

黄泉八煞都是以坐山与水论吉凶，不是以向与水论吉凶。有的以来水论，而大都是以去水论。

地理堪舆中所说的龙指的是山脉走向变化和气势，即所谓"来龙"，龙脉生动，则在龙脉结穴之处卜葬。然而来龙还要与来水相得益彰，如果龙脉与水口位向不合，便称为"煞"，即凶险破败之意。遇煞一定要避开，否则便成了凶穴。坎龙，是坎山，包括壬子癸三山，即壬山丙向、子山午向和癸山丁向，若遇辰水就称为八煞。以正五行论是水克坐山。

　　坤兔，是坤山，包括未坤申三山，即未山丑向、坤山艮向和申山寅向。若遇卯水就称为八煞。以正五行论也是卯（木）水克坤（土）山。

　　震山猴，是震山，包括甲卯乙三山，若遇申水就称为八煞。以正五行论也是申（金）水克震（木）山，为水克坐山。

　　巽鸡，是巽山，包括辰巽巳三山，若遇酉水就称为八煞。以正五行论，也是酉（金）水克震（木）山，为水克坐山。

　　乾马，是乾山，包括戌乾亥三山，若遇午水就称为八煞。以正五行论，是午（火）水克乾（金）坐山，为水克山。

　　兑蛇头，是兑山，包括庚酉辛三山，若遇巳水就称为八煞。以正五行论也是巳（火）水克兑（金）山，为水克坐山。

　　艮虎，是艮山，包括丑艮寅三山，若遇寅水就称为八煞。以正五行论也是寅（木）水克艮（土）山，为水克坐山。

　　离猪，是离卦山，包括丙午丁山，若遇亥水就称为八煞。以正五行论也是亥（水）水克离卦（火）山，为水克坐山。

　　由此可见，坐山八煞是来源于正五行地理术。若论正五行，后天八卦除四正卦外，四隅卦各卦所辖三山的正五行却与卦气五行不一致。如未坤申三山，未山土，坤山土，申山却不是属土而是属金。戌乾亥三山，戌山土，乾山金，亥山属水。辰巽巳三山，辰山土，巽山木，巳山属火。丑艮寅三山，丑山土，艮山土，而寅山属木。所以论正五行也必须论正五行的卦气五行，不可以单单论干支五行。坐山八煞其实质也是支克卦的八杀之说（此处为后天八卦）。

第十层　正针二百四十分

二百四十分是指把二十四山，每山再平分为十分，主要是看坐山在二百四十分度中的线位，是堪舆中确定坐山坐度的细节层。这样在做风水的时候就会更加的准确。

三七二八图

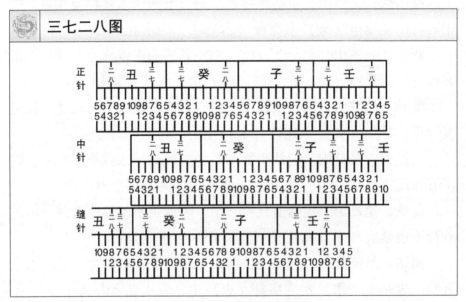

厉伯韶《分金诗》上说：

"先将子午定山岗，再把中针来较量；

更加三七与二八，莫与时师论短长。"

这里的三七和二八讲的是二百四十分金的使用，三七分金和二八分金都是属于吉度分金。

　　三七、二八分金的问题，也是近代风水术中解释比较混乱的问题之一。未学习正宗风水的人，被三七分金和二八分金弄得一头雾水，不知所从。主要原因是因为一般人不懂三七分金和二八分金的实际内涵，乱解一通造成的后遗症。如《罗盘解定》释厉伯韶诗说："加减之法，是第一紧要功夫。故于正针三七分数，脱气有不合，即取缝针二八分数。乃为乘得生旺，避得孤虚。时师多以二八指为三七，三七反为二八。迷而多误，故曰莫说短长。"就连写《罗经解定》的人竟然对三七和二八分金的理解如此稀里糊涂，难怪世上的许多地师更摸不着头脑了！

　　二百四十分金之数，其原理出于《洛书》之数理。《洛书》戴九履一，左三右七，二四为肩，六八为足，五居其中，化为四象，太阳居一而连九，四九三十六数；太阴居四而连六，四六得二十四数；少阳居三而连七，四七得二十八数；少阴居二而连八，四八得三十二数，合计一百二十数。左右两边共合二百四十之数。这是二百四十分金的数理之源。在不同的线度上，天地之气的厚薄、浓淡、旺衰状况是各不相同的，呈现出有规律的此起彼伏的变化，但是天地之气在任何线度上的总和都是十分。

　　二百四十分金盘是用来描述天地之气的浓淡、厚薄、旺衰状况的，反映的是天地之气的交感状态。二十四山的正中为十分，气最旺，往左往右依次递减为九分，八分，七分、六分、五分、四分、三分、二分、一分。相邻的两宫两边各重复了五分，所以每个宫位的气分为二十分。

详见下图：

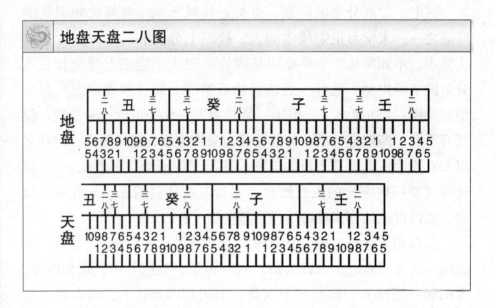

地盘天盘二八图

从上图可以看出：地盘的三七分金，就是人盘和天盘的二八分金；人盘和天盘的三七分金，就是地盘的二八分金。所以三七和二八分金本身就是同一条线度，那里有地盘不合就用缝针分金的影子？那里有什么可加可减的道理？例如：正针子山兼壬是七子三壬，在中针是八子二癸。在缝针是八子二壬。

清李三素《红囊经》的三针四线，就说明了正针二百四十分。三针，是指正针，中针和缝针。四线，即一九，二八，三七，四六四线分金。其中以正针三七，中缝针二八为吉度，余为凶度。

二百四十分金所反映的是天地二气的分布规律，是从另一个侧面表达杨公风水术注重地支气的观点。八干四维正针一度内没有地支之气，往地支方向兼得越多，地支之气就越厚。两山之交界处，天地之气各半，是那种上不着天，下不着地的线位，肯定不吉利，所以我们叫做"小空亡"线度。这也表现古代人们对大地的认同，对土地的崇拜。对地势坤君子以厚德载物的理解。

玄空风水术特别注重，龙水向三者要在父母三大卦的同一个局内，能保证龙、水、坐度不出卦的分金就看成是吉度，比较而言，三七分金和二八分金是比较吉利的分金线度。所以说，这是风水罗盘的一个细微使用部分。

第十一层　穿山七十二龙

七十二龙，即是六十甲子的六十龙加上八干四维正中的十二空亡龙，合称为七十二龙。近代地理术者有称为穿山虎的，地纪的，也有称为七十二分金的。因正针二十四山向又分出七十二格，每向出三格，我们称为七十二龙分金。此层是在二十四山每一地支位下按六十甲子次序各列五位天干，组成五对甲子。二十四山中，十二地支是间隔一位布列的，所以，每位地支分三格纳三位天干，其余两位天干就是要标在左右天干或四卦所分出的格内。换句话说，二十四山中的八干四卦虽然每位分出三格，但左右两格均被六十甲子所占用，只留下居中的一格是空格。六十甲子占七十二格，有十二格是空的，这些空格被术家认为是不吉利的方位。如占龙坐向恰好对准空格，就称为空亡。因为是空，所以必定要亡，亡了也就是空了。

壬		子		癸	丑		艮	寅		甲	卯		乙	辰	
甲子	丙子	戊子	庚子	壬子	乙丑	丁丑	己丑	辛丑	癸丑	丙寅	戊寅	庚寅	壬寅	甲寅	丁卯	己卯	辛卯	癸卯	乙卯	戊辰	庚辰	壬辰	甲辰

术家认为它不吉的原因是因为空格恰好是四卦八干的位置，无以配天干，没有配也就空着，没有干支所管，有的罗盘于此处标以"正"字。如果所占方位恰好在七十二龙的缝中，称小空亡，

以区别空格处的大空亡，因为坐向没有内容相配，所以也是凶向。如果所占方位恰好对准五位天干中间一格，即十二支本位一格，风水上称"差错"，也是不吉。七十二龙的吉凶是由杨公五气来判断的，有孤虚旺相、龟甲和空亡的说法。当所占方位不在以上凶方时就称为"兼"，即罗盘上一对角线两端兼占差错以外的两格，这格中的甲子可再用旺相孤虚和关杀等术说来占吉凶。所以七十二分金仅有二十四分金可用，亦即每个地支所含的三个分金中有两个可用，而八干四维所属分金全然不能用。

穿山七十二龙

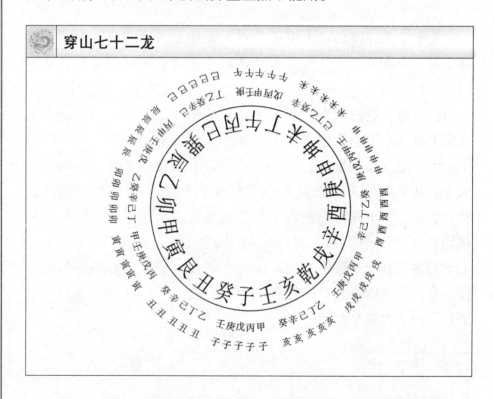

穿山龙即穿定来龙。搞清了来龙属何干支，才可以辨别吉凶。用来穿定来龙，即在过峡或入首束咽处穿定来龙。下总结一穿山龙的特点：

一、地盘正针中，每支之下有五子龙，系六十甲子为十二地支之数地盘地支共六十甲子；而地盘正针中，四维干之下又有十二正字凑成七十二龙。

二、穿山者穿定来龙属何甲子，名曰地纪。

三、专论来龙、岗头、于过峡中定针，无峡时即在入首主星后、从来龙起伏束咽处，分水岭上定盘针，看何字来龙。

四、每山三龙，除大空亡外，有戊子旬之十二支正是天冲地克，气失融和，如龟甲之坚硬、气脉不能相通，所以说叫做"龟甲空亡"。七十二龙有阴差阳错的共计二十四干支，都是不可用的，即壬子、癸丑二位、甲寅旬十位、甲子旬十位及甲戌、乙亥二位。八干四维之下正中各空一格，此十二正字谓大空亡。

五、内避阴阳差错、空亡、孤虚、龟甲不得相侵为妙。

六、必要趋旺、生气一脉贯注至结穴处为佳。惟丙子及庚子二旬干支，共二十四位，为旺相可用之线有诗诀曰：

甲子孤虚丙子正，戊子龟甲庚子旺，

壬子差错是空亡，穿山七二一路详。

七十二分金亦用定向。与二十四向作用虽同。安坟、立宅切忌犯之。

七十二龙本设于正针之下，为正针十二支气而服务的，主要是供格龙乘气坐穴分金用的。七十二龙在地理术的实践过程，占有极其重要的地位。地理术实践的效果，在于运用七十二龙。衡量地理术的技术水平，在于七十二龙。地理术的科学性，体现于七十二龙。风水术的奥秘，全系于七十二龙。杨筠松秘传曾文辿的《青囊奥语》是七十二龙，曾文辿传的《天玉经序》也是七十二龙。从"颠颠倒"和"八神四个一，八神四个二"可以证实七十二龙是杨筠松创制的。

七十二龙和透地六十龙一样，用的是纳音五行，我们暂不讲解纳音五行是怎么来的，只了解纳音五行指的是什么？

六十甲子纳音五行：

甲子乙丑海中金，丙寅丁卯炉中火，

戊辰己巳大林木，庚午辛未路旁土，

壬申癸酉剑锋金，甲戌乙亥山头火，

丙子丁丑涧下水，戊寅己卯城头土，

庚辰辛巳白镴金，壬午癸未杨柳木，

甲申乙酉井泉水，丙戌丁亥屋上土，

戊子己丑霹雳火，庚寅辛卯松柏木，

壬辰癸巳长流水，甲午乙未沙石金，

丙申丁酉山下火，戊戌己亥平地木，

庚子辛丑壁上土，壬寅癸卯金箔金，

甲辰乙巳覆灯火，丙午丁未天河水，

戊申己酉大驿土，庚戌辛亥钗钏金，

壬子癸丑桑柘木，甲寅乙卯大溪水，

丙辰丁巳沙中土，戊午己未天上火，

庚申辛酉石榴木，壬戌癸亥大海水。

陶宗仪曰："甲子乙丑海中金者，子属水，又为湖，又为水旺之地，兼金死于子墓于丑，水旺而金死墓，故曰海中金也。丙寅丁卯炉中火者，寅为三阳，卯为四阳，火既得地又得寅卯之木生之，此时天地开炉，万物始生，故曰炉中火也。余下的就不再一一解释，道理是一样的。

下面把穿山七十二龙吉凶，列表如下。

地盘	穿山	穿山七十二龙吉凶断诀
壬山	癸亥	癸亥气入是福龙，出官享丰厚，人丁昌炽多美景，申子辰年应；又见辰方水，棺入不洁净。
	正	
	甲子	甲子气入是小错，甲子冲棺，出黄肿疯瘫癫女哑男痨；若见丙上水，棺入有泥浆；巳酉丑年应。

地盘	穿山	穿山七十二龙吉凶断诀
子山	丙子	丙子来龙大吉昌，添人进财置田庄，富贵双全定有应，申子辰巳酉丑年应。
	戊子	戊子原来是火坑，风流浪子败人伦，不惟木根穿棺木，白蚁从此生；若见巽方水，棺内浆水二三分，寅午戌申子辰年应。
	庚子	庚子亦名是吉龙，富贵双全福自隆，人财六畜盛，申子辰年应。
癸山	壬子	壬子出人少亡招贼侵，损妻克子事多凶，申子辰年应；又见庚辛水，棺内可行舟。
	正	
	乙丑	乙丑龙必旺人丁，食足衣丰富贵亨，倘见午丁水，棺木泥水五寸深；巳酉丑年应。
丑山	丁丑	丁丑亦列为吉龙，出人聪明又玲珑，富贵悠长久，诸事乐融融；若见未方水，棺内如水塘，申子辰年应。
	己丑	己丑龙来是黑气，女妖男痨百事凶，疯疾最可怕，败绝实可痛；寅午戌年应。
	辛丑	辛丑原来是吉龙，三十富贵大兴隆，人财六畜诸事吉，慈恭孝友迈凡庸。
艮山	癸丑	癸丑龙入犯孤虚，葬后官非必不休，诸事不称意，众房皆不遂；若见乾方水，树根定身棺；亥卯未年应。
	正	
	丙寅	丙寅气入穴平常，纵横发富不久长，寅午戌年中，诸事皆吉祥。

精解罗经三十六层

地盘	穿山	穿山七十二龙吉凶断诀
寅山	戊寅	戊寅原来是富龙，富贵荣华世代隆，申子辰年登科应。
	庚寅	庚寅气入是孤虚，火坑累气空亡宫，葬后三六九年疯疾见，人伦败绝最堪怜；若见申方水，井内有泥水。
	壬寅	壬寅是吉龙，富贵人财丰，田产广置多福泽，巳酉丑年逢；倘逢午方水，棺在泥水中。
甲山	甲寅	甲寅原本是凶龙，一代兴发好，后世多眼病；若见坤方水，棺中白蚁多。
	正	
	丁卯	丁卯气入穴平常，酒气飘流懒情扬，寅午戌年应，亥水多泥浆。
卯山	己卯	己卯气正吉龙，人财两发衣食丰，若见巽方水，老鼠穿棺中；申子辰年应。
	辛卯	辛卯原来是绝龙，火坑败绝出盗翁，三房先绝后及众，官非迭见事多凶；若逢申方水，滥泥一呎入棺中，此坟若还不移改，人财败绝永无踪。
	癸卯	癸卯原来是吉龙，富贵双全出人聪，田庄广进多美景，人安物阜百事通；若见巳方水，木根穿棺中，巳酉丑年应。
乙山	乙卯	乙卯龙非吉，孤寡败绝多寿夭，后代腰跎并曲脚，纵然有人命难保；又见戌方水，井内水养鱼。
	正	
	戊辰	戊辰气入必定好，富贵寿长把名标；倘见申酉水，井内有蚁虫；巳酉丑年应。

地盘	穿山	穿山七十二龙吉凶断诀
辰山	庚辰	庚辰原来是吉龙，出人发富永不穷，七代富贵，子孙秀超群，冠世英雄；亥卯未年应；丁水有火灾。
	壬辰	壬辰来气是绝龙，火坑败绝最足痛，口舌官灾少亡惨，离乡和尚永无踪；若见戌方水，棺井泥水兼蚁虫。
	甲辰	甲辰气入是吉龙，七十五年富贵丰；若见子方水，井内泥水深。
巽山	丙辰	丙辰入气亦发福，衣食平平过，入赘过房，后代人败绝；若见寅申水，木根穿棺，亡人不安。
	正	
	己巳	己巳气仍半吉龙，富贵均平，亥卯未年应；若见乾上水，尸骨入泥坑。
巳山	辛巳	辛巳也算是吉龙，富贵荣华定光宗；巳酉丑年应不爽，丁水火灾有蚁虫。
	癸巳	癸巳原来是绝龙，火坑败绝百事凶，葬后五年并七载，老丁六畜败若风；若见丑方水，老鼠穿棺作窠臼。
	乙巳	乙巳气是吉龙，荣华富贵福最隆；寅午辰年应有验，癸水来冲泥棺封。
丙山	丁巳	丁巳原来是凶龙，三年七载口舌并；若见卯水来，棺木泥中有蚁虫。
	正	
	庚午	庚午气入亦有益，人兴财旺有其日，世代兴业多吉庆；申子辰寅午戌年中；若见甲寅水，泥水损人丁。

精解罗经三十六层

地盘	穿山	穿山七十二龙吉凶断诀
午山	壬午	壬午气入是福龙，富贵双全出英雄，三十七代人丁旺，景星庆云受诰封；忌见甲方水，井内泥浆攻。
	甲午	甲午气入是火坑，财败人亡最堪惨，房房必定少后裔；又见午丁水，棺底烂崩有火灾，巳酉丑年见。
	丙午	丙午气是吉龙，家业平平发人聪，谋事稳妥诸般吉，巳酉丑年应；若见丑艮水，泥水兼蚁虫。
丁山	戊午	戊午是吉龙，房房发人丁，代代多豪富，岁岁吉事临；苟见子癸水，井内有白蚁；寅午戌年应。
	正	
	辛未	辛未气入亦吉龙，出人俊秀性不鲁，户发如雷响，粟陈贯朽库。
未山	癸未	癸未亦算是吉龙，出人富贵寿不穷，亥卯未年应；若见庚上水，阴魂不安后人凶。
	乙未	乙未气入犯孤虚，火坑败绝最堪啼，绝龙又见巳水来，尸骨已成泥；巳酉丑年应。
	丁未	丁未气入是吉龙，双全富贵长久逢；申子辰年应，寅午戌年足财丰；倘见丑艮水，骨在泥水中。
坤山	己未	己未来龙不太宜，灾祸退败必不移，寅午戌年出疯迷，若见亥壬水，儿孙横事骨生蚁。
	正	
	壬申	壬申龙来是福基，葬后儿孙着绯衣；若见午方水，阴阳受灾逼。

地盘	穿山	穿山七十二龙吉凶断诀
申山	甲申	甲申气入是吉龙，子孙聪明富贵丰；申子辰年必有兆，世代乐无穷；若见艮流水，骨骸定不净。
申山	丙申	丙申气入是黑风，火坑鲛绝家业穷；若见子癸水，骨入泥水中。
申山	戊申	戊申气入是福龙，出人聪明寿长久，双全富贵发不休；若见甲方水，骨在泥水中。
庚山	庚申	庚申气入犯孤虚，孀寡事出奇；又见乾方水，阴魂受灾逼。
庚山	正	
庚山	癸酉	癸酉来龙富贵扬，人财两发福寿长；若见丁方水，井内若小塘。
酉山	乙酉	乙酉龙入福无比，出人富贵最聪慧；若见辰方水，井内泥水坑。
酉山	丁酉	丁酉气入是火坑，百事不遂绝人丁，若见癸方水，树根泥水坑。
酉山	己酉	己酉是福龙，文武出三公；申子辰年应，世代富贵丰；若见卯方水，白蚁必入侵。
辛山	辛酉	辛酉气入龙平常，富贵不久长；亥卯未年应，乾水冲堪忧。
辛山	正	
辛山	甲戌	甲戌气入是恶龙，一代富贵发不久，后出僧庙道，寅午戌年有，孤寡又败绝，诸事多见忧；若见壬方水，墓生奇怪丑。

精解罗经三十六层

地盘	穿山	穿山七十二龙吉凶断诀
戌山	丙戌	丙戌气入是福龙，人丁发达乐长春，登科及第早，申子辰年有；若见甲卯水，木根穿棺中。
	戊戌	戊戌龙入犯孤虚，火坑败绝人多疾，和尚少亡孤虚惨，损妻克子定无疑，午未年中见，方知受灾奇；若见申方水，骨骸不清洁。
	庚戌	庚戌气入亦吉龙，富贵荣华衣食丰，巳酉丑年多见喜，三十六年出人聪；若见午丁水，棺骨入泥中。
乾山	壬戌	壬戌气入非吉龙，出人无材损少年，离乡僧与道，损妻克子二房占，申子辰年应，败退其无算；若见辰方水，泥水半金罐。
	正	
	乙亥	乙亥气入是凶龙，出人孀寡少年孤，疯疾哑聋实足惨，寅午戌年迭见哭；倘见坤宫水，棺作白蚁屋。
亥山	丁亥	丁亥气入是福龙，富贵大发衣食丰，申子辰年多吉庆，只怕巽水冲，棺中泥水凶。
	己亥	己亥气入是黑风，火坑败绝人无踪，申子辰年寅午戌，人走他乡多奇怪；若见庚酉水，木根穿指害。
	辛亥	辛亥气入是吉龙，人财两发宙悠隆，若见午丁水，棺板不全凶。

第十二层 透地六十龙

　　风水先生认为：透如管吹灰，气由窍出。五气行平地，发生万物。地有吉气，土随而起。气透于地中，气雄则地随之而高耸，气弱则地随之而平伏，气清则地随之而透美，气浊则地。随之而凶恶。在拨弄针盘时，对六十龙的解释各有不同。如果透得甲子冲山，就会女哑男痨；透得丙子，就会富贵双全，等等。

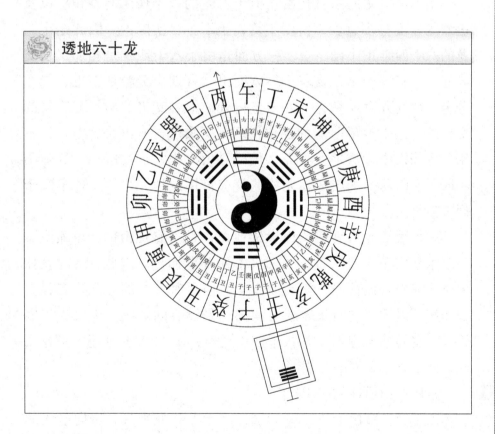

透地六十龙

精解罗经三十六层

穿山七十二龙之名又称为穿山虎，是因六十甲子的排列到庚寅时正值艮宫，艮为山，寅为虎，寅至艮宫为虎穿山，所以称为穿山虎。杨筠松因为嫌阴阳龙格龙过于粗糙，准确度差，用星度格龙太细，不容易寻龙脉而创七十二龙，没有穿山虎的名称，后因杨筠松徒裔创设了透地龙，以透地龙对称而称为穿山虎的。

透地龙的意思，是因为透地龙附在天盘，认为气脉从天上来，但定山立向又用地盘，风水师认为气脉从天上来透到地面来变为龙脉，所以称为透地龙，而把七十二龙称为穿山虎。其实，透地龙的六十甲子排列也是和七十二龙的排列相同，依次错后一位，透地龙的庚寅也是透到艮宫，因此也可称透山虎。

据称透地龙的添设是由于七十二龙的八干四维有空位，以及盈缩龙分度有多有少，占度不均，是不符合实际的。因此七十二龙的八干四维正中设空位，一方面是由于八干四维是相邻二支交界处，没有先天十二支气，另方面由二百四十分数的三七，二八分金，取其九六冲和，一九分金位处，十二支气的始气与终气的交替处。是生气最薄弱的部位，不宜于乘气，所以设置空位，不用。杨筠松添设透地龙格龙，仍以穿山虎坐穴，其所乘生气就不相同了。因此，既用透地龙格龙就应该用透地龙坐穴，才不致于误乘生气。

因为盈缩龙占度不均而设透地龙也是没有理由的，盈缩龙是地理术坐穴分金坐吉度的，两者不能并题而论。因此，透地龙如因格龙或坐穴而添设是没有必要的，但是对节候的分配是有很大的作用，因为节候的寒暑渐进和循环是没有间断的，十二支气因之也没有间断。七十二龙八干四维的空亡龙只宜于地理术格龙乘气，而不宜于节候的编排。

常用穿山透地的应用：

以正针，穿山七十二龙和透地六十龙格龙乘气，定向坐穴的地理术，都是长生法，一般说属于三合派，前述的九星，挨星是属于玄空法，是专用八卦和二十四山向的。

所谓长生法，就是以长生十二宫位，即长生，沐浴、冠带、临官、帝旺、衰、病、死、墓、绝、胎、养十二宫位来步砂量水定向为方法的风水法。还有很多派别的风水用法在此就不多说了，有些虽有其名，而没有专著的范本，就不予介绍了。

关于透地龙还有一种说法：盖平分六十龙透地，名曰天纪。起甲子于正针，亥、未属乾宿，后天之乾，即先天之艮。艮为山，此故亦谓之穿山也。平分六十龙，起甲子正针之壬初，属坎，后天之坎，即系先天之坤。坤为地，此乃谓之透地。不言穿而言透者，以透乃通透之透，如管吹灰，气由窍出，此可得透之说。不言山而言地者，谓五气行乎地中，发生万物。地有吉气，土随而起，可见形之见于地上，皆由五行之气透于地中。气雄则地随之而高耸，气弱则地随之而平伏，气清是地随之而秀美，气浊则地随之而凶恶，此可以得地之说也。不言虎而言龙者，盖龙有气无形，变化莫测，无非论龙透于穴中，变化无端，可以识六十龙透地之妙，可以得而名之也。而作用之功，葬乘生气，必先定其来龙。其法，于来脉入首穴星后分水脊上定盘针，定来脉入首。

如六十龙辛亥纳音属金，从右来，以左耳乘气，则穴宜坐乾向巽，于透得丁亥气，属土，正乾龙坐穴，土生辛亥金，是穴生来龙，其家发福。适得乙亥，七亥三乾，火音坐穴，克辛亥金，是来龙穴克山，其家少禄。透得己亥气，五乾五亥，是煞曜，名曰火坑，主子孙多出痨疾、吐血，损妻克子，水蚁食棺之验。先圣云："二十四山颠颠倒，二十四山有珠宝。二十四山顺逆行，二十四山有火坑。"且言："到头差一指，如隔万重山。"可见穿山、透地，各自为用。七十二龙只论来龙，定山岗则在分水脊上定盘针，穴后八尺峦头，用六十龙透地盘，穿山则不必用矣。六十龙审气入穴，一龙有五子气，当寻旺气。丙子、庚子二旬之龙，则有二十四位珠宝，为全吉。又要避空虚、煞曜、差错、空亡。如甲子、壬子及戊子三旬中之龙，三十六穴为差错、关煞，为全凶。又要浑天度不可克分金，分金不可克坐穴，坐穴不可克透地，透地不可克来龙。克宜顺克，以下克上吉；生宜逆生，以下生上吉，可见透地作用，最宜细心。慎勿轻忽。

经盘内载有"正"字二十四位，合二十四山正气脉。入首为珠宝，载有十二个"五"字为火坑。二十四位三七龙为差错、空亡。世人尽知穴在山，不知方寸穴一线。

透地		六十甲子透地吉凶断决	
子	甲子	甲子气七壬三亥为小错，甲子冲棺出黄肿疯癫女哑男痨，若见丙上水，棺内有泥浆，口舌官非，巳酉丑年应	差错空亡
	丙子	为正壬龙，大吉昌，添人进口置田庄，富贵双全定有应，诸事尤吉祥，若见未坤水，棺廓内外是小塘。申子辰巳酉丑年应	珠宝
	戊子	五子五壬是火坑，出人风流败人伦，不唯木根穿棺内，白蚁从此生，基见巽方水共内，泥水二三分。寅午戌申子辰年应	火坑
	庚子	为正子龙，富贵双全福悠隆，人财六畜盛，申子辰年丰，若见巽方水，棺内泥难容。	珠宝
	壬子	七子三癸是羊刃，出人少亡招贼侵，损妻克子多祸事，申子辰年应，若见庚辛水，棺内可撑船	差错空亡

透地	六十甲子透地吉凶断决	
乙丑	为七癸，三子旺人丁，食足衣丰富贵亨，尚见午丁水，棺内烂泥五寸深。巳酉丑年应	差错空亡
丁丑	为正癸龙，出聪明又玲珑，富贵悠长久，诸事乐时雍，若见未方水，棺内若塘中，申子辰年应。	珠宝
丑 己丑	五丑癸是黑风，女妖男瘵百事凶，疯疾最可，败绝最可痛。又见亥方水，并有水蚁虫，寅午戌年应，水困火坑中	火坑
辛丑	为正丑龙，三十富贵大兴隆，人丁大旺诸事吉，慈恭孝友遇凡庸。若见寅上水，棺入泥浆中。	珠宝
癸丑	七丑三艮犯孤虚，葬后官灾实可必，诸事不称意，众房皆不遂，口舌退财多败绝，亥卯未年期。又见乾方水，树根穿棺定不疑。	差错空亡
寅 丙寅	七艮三丑穴平常，纵横发福不久长，寅午戌年应。诸事皆吉祥。若见亥方水，棺烂入泥浆。	差错空亡
戊寅	气正艮龙，富贵荣华世代隆，申子辰年登科应，只怕卯水冲，棺定有凶。	珠宝
庚寅	五艮五寅是孤虚，火坑黑风空亡的，葬后三六九年疯疾见，人伦败绝最堪啼，又见申方水，并内有水泥。	火坑
壬寅	气正壬（寅）龙，富贵人财丰，田业广置多福泽，巳酉丑年逢，倘见午方水，棺在水泥中。	珠宝
甲寅	七寅三甲主平稳，一代兴发好，后世多眼疾，若见坤方水，棺中白蚁烹。	差错空亡

透地		六十甲子透地吉凶断决	
卯	丁卯	丁卯气七甲三寅人平常，酒色飘流懒惰扬，寅午戌年应，方忌亥水多泥浆。	差错空亡
	己卯	气正甲龙，人财两发衣食丰，若见巽方水，老鼠穿棺中，申子辰年应不爽，人子哀亲莫糊胸。	珠宝
	辛卯	五甲五卯是黑风，火坑败绝出盗翁，三房先绝后及众，官灾叠见事多凶，若见庚申水来现，烂泥一尺入棺中，此坟若还不移改，人财败绝永无踪	火坑
	癸卯	正卯龙，富贵双全出人聪，田庄广进多美境，人安物阜百事通，若见巳方水，木根穿棺定不容，巳酉丑年应。	珠宝
	乙卯	三乙七卯，孤寡败绝多寿夭，后代腰驼并曲脚，纵然有人亦难保，又见戌方水，井内泥水养鱼好。	差错空亡
辰	戊辰	七乙三卯，富贵寿长把名标，倘见申酉水，棺内有蚁虫。巳酉丑年应。	差错空亡
	庚辰	正乙龙，出人发福永不穷，七代富贵，出人秀超，群冠世雄，亥卯未年见，只怕丁水主火凶。	珠宝
	壬辰	五辰五乙是黑风，火坑败绝最足痛，口舌官非少亡惨，离乡和尚永别踪，若见戌方水，棺内泥若脓。	火坑
	甲辰	正辰龙，七十五年富贵丰，若见子癸水，井内泥水攻。	珠宝
	丙辰	七辰三巽，主外发福，衣食平稳，招赘入房，后代人败绝，申子辰年应，若见寅申水，木根穿棺，亡人不安。	差错空亡

透地		六十甲子透地吉凶断决	
巳	己巳	七巽三辰，福贵均平，亥卯未年应，若见乾上水，尸骨入泥坑。	
	癸巳	五巳五巽是黑风，火坑败绝百事凶，葬后五年并七载，人丁六畜散如风，又见丑方水，老鼠棺内作窠攻。	火坑
	乙巳	正巳龙，荣华富贵福最隆，寅午戌年应有验，癸水来冲棺泥封。	
	丁巳	七三丙，三年七载口舌并，若见卯水来棺木，内外泥浆侵。	
	辛巳	正巽龙，荣华富贵定光宗，巳酉丑年应不克，只怕午丁水来冲。	
午	庚午	七丙三巳，人兴财旺有其日，世代进田多吉庆，申子辰寅午戌年应，忌见甲寅水，泥水损丁字。	差错空亡
	壬午	正丙龙，富贵双全出英雄，三十七代人丁旺，景星庆云授诰封，忌见申方水，并内泥浆凶。	珠宝
	甲午	五丙五午是火坑，巳酉丑年家败倾，又见午丁水，棺木底烂崩。	火坑
	丙午	正午龙，家业平平发人聪，谋事稳妥诸般吉，申子辰年巳丑逢，若见丑艮水，泥水入棺中。	珠宝
	戊午	七午三丁，官讼口舌纷，人丁平常过，岁招横事临，若见子癸水，寅午戌年应。	差错空亡

精解罗经三十六层

透地		六十甲子透地吉凶断决	
未	辛未	七丁三午，出入俊秀性不鲁，户发如雷响，粟陈贯朽库，若见午方水，棺内水穿出。	差错空亡
	癸未	正丁龙，出入富贵寿不穷，若见庚方水，亡人灾厄凶，亥卯未年应。	珠宝
	乙未	五丁五未犯孤虚，火坑败绝最堪啼，又见巳水来，尸骨巳成泥，巳酉丑年应	火坑
	丁未	正未龙，双全富贵长久逢，申子辰年应不爽，寅午戌岁定遭凶，倘见丑艮水，棺在水泥中。	珠宝
	巳未	七未三坤犯孤虚，殃祸退财定不移，寅午戌年出疯迷，己恶人见疑，若见亥壬水，儿孙横事必。	差错空亡
申	壬申	七坤三未破财，疯痰萧索实可哀，巳酉丑年应，诸药难调灾，见午方水，棺内水洋来。	差错空亡
	甲申	正坤龙，出人聪俊富贵丰，申子辰年必有应，世代乐无穷，若见艮流水，棺内两分凶。	珠宝
	丙申	五申五坤是黑风，火坑败绝主贫穷，若见子癸水，井内泥水凶。	火坑
	戊申	正申龙，出人聪明寿长，富贵双全，若见甲方水，棺内泥水侵。	珠宝
	庚申	七申三庚犯孤虚，官灾事出奇，又见乾方水，亡人受灾逼。	差错空亡

透地		六十甲子透地吉凶断决	
西	癸酉	七庚三申富贵扬，人财两发福寿长，若见丁方水，棺内是小塘。	差错空亡
	乙酉	正庚龙，出人富贵最聪明，若见辰宫水，棺内水泥坑。	珠宝
	丁酉	五庚五酉是火坑，百事不遂，绝人丁，若见癸上水，棺内泥水永。	火坑
	己酉	正酉龙，文武近三公，申子辰年应，世代富贵丰，若见卯方水，棺板不全空。	珠宝
	辛酉	七酉三辛富贵攸，人丁田财旺无忧，亥卯未应乾水，冲棺又堪愁。	差错空亡
戌	甲戌	七辛三酉，一代富贵发不久，后出僧庙道，寅午戌年有，孤寡又败绝，诸事忧见忧，若见壬方水，墓生奇怪丑。	差错空亡
	丙戌	正辛龙，人丁发达乐时雍，登科及第早，申子辰年逢，若见甲卯水，木根穿棺中。	珠宝
	戊戌	五戌五辛犯孤虚，火坑败绝人多疾，和尚少亡孤寡惨，损妻克子定无疑，午未年前见，方知受灾奇，若见申方水，棺内不全的。	火坑
	庚戌	正戌龙，富贵荣华衣食丰，巳酉丑年多见喜，三十六年出人聪，若见午丁水，棺骨入泥中。	珠宝
	壬戌	七戌并三乾，出入无财损少年，离乡僧与道，损妻克子二房占，申子辰年应，败退无期算，若见辰戌水，棺内泥浆灌。	差错空亡

精解罗经三十六层

透地		六十甲子透地吉凶断决	
亥	乙亥	七乾并三戌，出入孀寡少亡孤，疯疾瘖哑实足惨，寅午戌年叠见哭。倘见坤宫水，棺内白蚁屋。	差错空亡
	丁亥	正乾龙，富贵大发衣食丰，申子辰年多吉庆，只怕巽水冲，棺内水泥凶。	珠宝
	己亥	五乾五亥并黑风，火坑主败绝，申子辰年寅午戌，人走他乡多奇怪，若见庚酉水，木根穿棺害。	火坑
	辛亥	正亥龙，人财两发福悠隆，若见午丁水，棺板不全凶。	珠宝
	癸亥	七亥并三壬，出官享丰亨，人丁昌炽多美境，申子辰年应，又见辰方水，棺内不洁净。	差错空亡

第十三层　穿山透地卦

　　首先要明确的，七十二龙是杨筠松专为格龙乘气而设；透地六十龙是杨曾徒裔不明"颠颠倒"和"八神四个一，八神四个"二"的主旨，误解穿山七十二龙的八干四维空位的用意而添设的。

　　郭杨曾地理术是以乘十二支生气为主，所有罗盘的各层次的设立，都应围绕乘十二支气为最高原则，否则都没有任何理由，因此透地六十龙应附于穿山虎的下面，以应十二支气。其甲子在地盘应和穿山一样起于地盘壬中，如透地龙附在天盘，其甲子应起于天盘壬初，即正对地盘壬中。虽然穿山占五度而透地占六度，所占度数不相同，但任何五子五丑五寅都位于十二支各宫之内，所以七十二龙和六十龙基本上各龙是相透的，如果透地龙甲子在天盘起于亥中而正对地盘壬初，是占地盘亥气，不是地盘子气，是违背了乘十二支气的最高原则，是不合理的，因此，透穿卦的配位，虽然配在透地龙下面，仍然可透穿山七十二龙，所以穿山透地卦之名为穿透，就是因为透地卦可透穿山。

甲	丙	戊	庚	壬	乙	丁	己	辛	癸	丙	戊	庚	壬	甲
坎	困	师	解	解	涣	涣	未	渐	艮	小过	谦	旅	旅	艮
丁	己	辛	癸	乙	戊	庚	壬	甲	丙	己	辛	癸	乙	丁
妄	颐	随	震	屯	嗑	震	履	巽	升	鼎	大过	巽	恒	蛊
庚	壬	甲	丙	戊	辛	癸	乙	丁	己	壬	甲	丙	戊	庚
丰	家	离	明	既	革	离	革	豫	晋	观	坤	否	萃	坤
癸	乙	丁	己	辛	甲	丙	戊	庚	壬	乙	丁	己	辛	癸
兑	师	中	归	履	兑	履	履	有	需	有	壮	夬	泰	乾

一、根据《罗经解定》装卦方法："上卦乃以旬头之卦加本龙所泊之卦，依后天卦位依次加至本龙之属卦，便得某卦也。"

甲子龙，属大雪之坎，是本龙旬头，上局四，以甲子入四宫巽，逆飞亦为巽四，巽加巽本为风风巽，依后天卦位加至本龙，则为水水坎。

丙子龙，属大雪之坎，是甲戌旬头，下局一，以甲子入坎一，逆飞甲戌离九，乙亥艮八，丙子泊兑七，依后天卦位加至本龙坎，得泽水困。

戊子龙，属大雪之坎，是甲申旬头，中局七，以甲子入兑七，逆飞甲申到中五，零神乙酉巽四，丙戌震三，丁亥坤二，戊子泊坎一，中五寄于坤二，坤加坎得地水师卦。

戊子龙，属冬到坎宫，是甲申旬头，中局七，以甲子入兑七，顺飞甲申离九，零神乙酉坎一，丙戌坤二，丁亥震三，戊子泊巽四，离加巽，依后天卦加至本龙，得山水蒙。

庚子龙，属冬至坎宫，则甲午旬头，中局七，以甲子入兑七，顺飞甲午坎一，零神乙未坤二，庚子泊兑七，坎加兑依后天卦位加至本龙，得雷水解。

壬子龙，属冬至坎宫，是甲辰旬头，上局一，以甲子入坎一，顺飞甲辰离九，零神乙巳坎一，丙午坤二，丁未震三，壬子泊艮八。离加艮依后先卦加至本龙，得风水涣。

乙丑龙，属小寒坎宫，是甲子旬头，上局二，以甲子入坤二，顺飞本龙坤二，乙丑泊震三，坤加震依后天卦位加至本龙，得风水涣。

丁丑龙，属小寒坎宫，是甲戌旬头，下局五，以甲子入中五，顺飞甲戌乾六，丁丑泊离九。乾加离依后天卦位加至本龙，得风水涣。

己丑龙，属小寒坎宫，是甲申旬头，下局五，以甲子入中五，顺飞甲申兑七，己丑泊震三，兑加震依后天卦位加至本龙，得火水未济。

己丑龙，属大寒辰宫，是甲申旬头，下局六，以甲子入乾六，顺飞甲申艮八，己丑泊巽四艮加巽依后天卦位加至本龙，得天山遁。

辛丑龙，是大寒艮宫，甲午旬头，中局九，以甲子入离九，顺飞甲午泊震三，辛丑泊坎一，震加坎，依后天卦次推，得风山渐。

癸丑龙，是大寒艮宫，甲辰旬头，上局三，以甲子入震三，顺飞甲辰泊兑七，癸丑泊兑七，兑加兑，依后天卦次推，得山山艮。

丙寅龙，是立春艮宫，甲子旬头，上局八，以甲子入艮八，顺飞甲子艮八，丙寅泊坎一，艮加坎，依后天卦位推算，得雷山小过。

戊寅龙，是立春艮宫，甲戌旬头，下局二，以甲子入坤二，顺飞甲戌泊震三，戊寅泊兑七，震加兑，依后天卦序推算，得地山谦。

庚寅龙，是立春艮宫，甲申旬头，下局二，以甲子入坤二，顺飞甲申泊巽四，庚寅泊坎一，巽加坎，依后天卦序推，得火山旅。

庚寅龙，是雨水艮宫，甲申旬头，下局三，以甲子入震三，顺飞甲申泊中五，庚寅泊坤二，中五寄于坤二，坤加坤，依后天卦序推，得山山艮。

壬寅龙，是雨水艮宫，甲午旬头，中局六，以甲子入乾六，顺飞甲午泊离九，壬寅泊艮八，离加艮，得火山旅。

甲寅龙，是雨水艮宫，本龙旬头，中局六，以甲子入乾六，顺飞甲寅泊坤二，甲寅泊坤二，坤加坤，依后天卦序推，得山山艮。

丁卯龙，是惊蛰震宫，甲子旬头，上局一，以甲子入坎一，顺飞甲子泊坎一，丁卯泊巽四，坎加巽，依后天卦序推，得天雷无妄。

己卯龙，是惊蛰震宫，甲戌旬头，上局一，以甲子入坎一，顺飞甲戌泊坤二，己卯泊兑七，坤加兑，依后天卦序推，得山雷颐。

辛卯龙，是惊蛰震宫，甲申旬头，下局四，以甲子入巽四，顺飞甲申泊乾六，辛卯泊巽四，乾加巽，依后天卦序推，得泽雷随。

辛卯龙，是春分震宫，甲申旬头，下局六，以甲子入乾六，顺飞甲申泊艮八，辛卯泊乾六，艮加乾，依后天卦序推，得火雷噬嗑。

癸卯龙，是春分震宫，甲午旬头，中局九，以甲子入离九，顺飞甲午泊震三，震加震，得雷雷震。

乙卯龙，是春分震宫，甲寅旬头，中局九，以甲子入离九，顺飞甲寅泊中五，乙卯泊乾六，中五寄坤二，坤加乾，依后天卦位推，得水雷屯。

戊辰龙，是清明震宫，甲子旬头，上局四，以甲子入巽四，顺飞甲子泊巽四，戊辰泊艮八，巽加辰，依后天卦序推，得火雷噬嗑。

庚辰龙，是清明震宫，甲戌旬头，上局四，以甲子入巽四，顺飞甲戌泊中五，庚辰泊坤二，中五寄于坤，坤加坤，依后天卦序推，得雷雷震。

壬辰龙，是清明震宫，甲戌旬头，下局七，以甲子入兑七，顺飞甲申泊离九，壬辰泊艮八，离加艮，依后天卦序推，得地雷复。

壬辰龙，是谷雨巽宫，甲申旬头，下局八，以甲子入艮八，顺飞甲申泊坎一，壬辰泊离九，坎加离，依后天卦序推，得天风姤。

甲辰龙，是谷雨巽宫，本龙旬头，下局八，以甲子入艮八，顺飞甲辰泊震三，本龙泊震三，震加震，依后天卦序推，得风风巽。

丙辰龙，是谷雨巽宫，甲寅旬头，中局二，以甲子入坤二，顺飞甲寅泊兑七，丙辰泊离九，兑加离，依后天卦序推，得地风升。

己巳龙，是立夏巽宫，甲子旬头，中局一，以甲子入坎一，顺飞甲子泊坎一己巳泊乾六，坎加乾，依后天卦序推，得火风鼎。

辛巳龙，是立夏巽宫，甲戌旬头，上局四，以甲子入巽四，顺飞甲戌泊中五，辛巳泊震三，中五寄于坤，坤加震，依后天卦序推，得泽风大过。

癸巳龙，是立夏巽宫，甲申旬头，下局七，以甲子入兑七，顺飞甲申泊离九，癸巳泊离九，离加离，依后天卦序推，得风风巽。

癸巳龙，是立夏巽宫，甲申旬头，下局八，以甲子入艮八，顺飞甲申泊坎一，癸巳泊坎一，坎加坎，依后天卦序推，得风风巽。

乙巳龙，是小满巽宫，甲辰旬头，下局八，以甲子入艮八，顺飞甲辰泊震三，乙巳泊巽四，震加巽，得雷风恒。

丁巳龙，是小满巽宫，甲寅旬头，中局二，以甲子入坤二，顺飞甲寅泊兑七，丁巳泊坎一，兑加坎，依后天卦推，得山风蛊。

庚午龙，是芒种离宫，甲子旬头，中局三，以甲子入震三，顺飞甲子泊震三，庚午泊离九，震加离，得雷火丰。

壬午龙，是芒种离宫，甲戌旬头，上局六，以甲子入乾六，顺飞甲戌泊兑七，壬午泊乾六，兑加乾依后天卦序推，得风火家人。

甲午龙，是芒种离宫，本龙旬头，上局六，以甲子入乾六，顺飞甲午泊离宫，本龙泊离宫，离加离，得火火离。

甲午龙，是夏至离宫，本龙旬头，上局九，以甲子入离九，递飞甲午泊乾六，本龙泊乾六，乾加乾，依后天卦序推，得火火离。

丙午龙，是夏至离宫，甲辰旬头，下局六，以甲子入乾六，递飞甲辰泊坤二，丙午泊离九，坤加离，依后天卦序推，得地火明夷。

戊午龙，是夏至离宫，甲辰旬头，中局三，以甲子入震三，递飞甲寅泊兑七，戊午泊震三，兑加震，依后天卦序推，得水火既济。

辛未龙，是小暑离宫，甲子旬头，中局二，以甲子入坤二，递飞甲子泊坤二，辛未泊巽四，坤加巽，得泽火革。

癸未龙，是小暑离宫，甲戌旬头，上局八，以甲子入艮八，递飞甲戌泊兑七，癸未泊兑七，兑加兑，得火火离。

乙未龙，是小暑离宫，甲午旬头，上局八，以甲子入艮八，递飞甲午泊中五，乙未泊巽四，中五寄于坤，坤加巽，依后天卦序推定，得泽火革。

乙未龙，大暑坤宫，甲午旬头，上局七，以甲子入兑七，递推甲午泊巽四，乙未泊震三，巽加震，依后天卦序推定，得泽地萃。

丁未龙，大暑坤宫，甲辰旬头，上局七，以甲子入兑七，递循甲辰泊震三，丁未泊离九，震加离，依后天卦序推定，得风地观。

己未龙，大暑坤宫，甲寅旬头，下局四，以甲子入巽四，递循甲寅泊艮八，己未泊震三艮加震，依后天卦位推定，得火地晋。

壬申龙，立秋坤宫，甲子旬头，中局五，以甲子入中五，递循甲子泊中五，壬申泊乾六，中五寄于坤，坤加乾，依后天卦序推

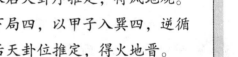
精解罗经三十六层

定，得风地观。

甲申龙，立秋坤宫，甲申旬头，中局五，以甲子入中五，逆循甲申泊震三，本龙泊震三，震加震，依后天卦序循定，为地地坤。

丙申龙，立秋坤宫，甲午旬头，中局二，以甲子入坤二，逆循甲午艮八，丙申泊乾六，艮加乾，依后天卦循定，为风地观。

丙申龙，处暑坤宫，甲午旬头，上局一，以甲子入坎一，逆循甲午泊兑七，丙申泊中五，中五寄于坤，兑加坤，得泽地萃。

庚申龙，处暑坤宫，甲寅旬头，下局七，以甲子入震三，逆循甲寅泊坤二，庚申泊中五，坤加坤，得地地坤。

癸酉龙，白露兑宫，甲子旬头，中局三，以甲子入震三，逆循甲子泊震三，癸酉泊震三，震加震，依后天卦序循定为泽泽兑。

乙酉龙，白露兑宫，甲申旬头，中局三，以甲子入震三，逆循甲申泊坎一，乙酉泊离九，坎加离，依后天卦序循为雷泽归妹。

丁酉龙，白露兑宫，甲午旬头，上局九，以甲子入离九，逆循甲午泊乾六，丁酉泊震三，乾加震，依后天卦序推定，得风泽中浮。

丁酉龙，秋分兑宫，甲午旬头，上局七，以甲子入兑七，逆循甲午泊巽四，丁酉泊坎一，巽加坎，依后天卦序推定，得山泽损。

己酉龙，秋分兑宫，甲辰旬头，上局七，以甲子入兑七，逆循甲辰泊震三，己酉泊兑七，震加兑，得雷泽归妹。

辛酉龙，秋分兑宫，甲寅旬头，下局七，以甲子入兑七，逆循甲寅泊坤二，辛酉泊巽四，坤加巽，依后天卦序循定为，水泽节。

甲戌龙，寒露兑宫，本龙旬头，下局三，以甲子入震三，逆循本龙泊坤二，本龙占坤二，坤加坤，依后天卦循泽泽兑。

丙戌龙，寒露兑宫，甲午旬头，上局六，以甲子入离九，逆循甲申泊兑七，丙戌泊中五，中五寄于坤，兑加坤，依后天卦序稚，得天泽履。

戊戌龙，寒露兑宫，甲午旬头，上局六，以甲子入乾六，逆循甲午泊震三，戌戌泊八，震加艮，依后天卦序推，得天泽履。

戌戌龙，霜降乾兑宫，甲午旬头，上局五，以甲子入中五，逆循甲午泊坤二，戌戌泊艮八，坤加艮，依后天卦序循，得雷泽归妹。

庚戌龙，霜降乾宫，甲艮旬头，上局五，以甲子入中五，逆循甲辰泊坎一，庚戌泊巽四，坎加巽，依后天卦序推为，火天大有。

壬戌龙，霜降乾宫，甲寅旬头，下局二，以甲子入坤二，逆循甲寅泊乾六，壬戌泊兑七，乾加兑，依后天卦序循推，为水天需。

乙亥龙，立冬乾宫，甲戌旬头，下局三，以甲子入震三，逆循甲戌泊坤二，乙亥泊坎一，坤加坎，依后天卦序为，火天大有。

丁亥龙，立冬乾宫，甲中旬头，中局九，以甲子入离九，逆循甲申泊兑七，丁亥泊巽四，兑加巽，依后天卦序循为，雷天大壮。

己亥龙，立冬乾宫，甲午旬头，中局八，以甲子入艮八，逆循甲午泊中五，己亥泊离九，中五寄于坤，坤加离依后天卦序推为，水天需。

己亥龙，小雪乾宫，甲午旬头，上局五，以甲子入中五，逆循甲午泊坤二，己亥泊乾六，坤加乾，得地天泰。

辛亥龙，小雪乾宫，甲辰旬头，下局二，以甲子入坤二，逆循甲辰兑七，辛亥泊离九，兑加离，依后天卦序推为，山天大畜。

癸亥龙，小雪乾宫，甲寅旬头，下局二，以甲子入坤二，逆循甲寅泊乾六，癸亥泊乾六，乾加乾，为天天乾。

根据上述装卦的方法所装穿山透地的卦，与穿山透地是不发生什么关系的，也没有什么理论根据，而且根据他的装卦法，所装的卦有许多也是不相同的，显然，这种卦在地理术是没有定型的，例如：

分宫位，《罗经解定》和《罗经透解》都是以节中气分宫位的，即：坎宫，大雪冬至小寒。艮宫，大寒立春雨水。震宫，惊蛰春分清明，巽宫，谷雨立夏小满。离宫，芒种夏至小暑。坤宫，大暑立秋处暑。兑宫，白露秋分寒露。乾宫，霜降立冬小雪。

《罗经解定》以一宫配三节气，每节气配穿山透地二龙半，因此，分宫位每宫七龙半，分配得比较恰当，而《罗经透解》四正分配八龙，四维分配七龙，是不恰当的。

根据后天八卦，一卦三山来分八宫，才能合卦气，即：

坎宫壬子癸，艮宫丑艮寅，震宫甲卯乙，

巽宫辰巽巳，离宫丙午丁，坤宫未坤申，

兑宫庚酉辛，乾宫戌乾亥。

因此穿山透地龙也应依照各宫所配龙而分配为各该宫的穿山透地龙，即：

坎宫，癸亥，甲子，丙子，戊子，庚子，壬子，乙丑七龙。

艮宫，丁丑，己丑，辛丑，癸丑，丙寅，戊寅，庚寅，壬寅八龙。

震宫，甲寅，丁卯，己卯，辛卯，癸卯，乙卯，戊辰七龙。

巽宫，庚辰，壬辰，甲辰，丙辰，己巳，辛巳，癸巳，乙巳八龙。

离宫，丁巳，庚午，壬午，甲午，丙午，戊午，辛未七龙。

坤宫，癸未，乙未，丁未，己未，壬申，甲申，丙申，戊申八龙。

兑宫，庚申，癸酉，乙酉，丁酉，己酉，辛酉，甲戌七龙。

乾宫，丙戌，戊戌，庚戌，壬戌，乙亥，丁亥，己亥，辛亥八龙。

二、穿山透地卦之名为穿透卦，其装卦就应该按照穿山透地卦六十甲子的原纳乾支还原装卦，才是合理的装卦方法。

《考原》曰："乾纳甲壬，坤纳乙癸，乾坤包括始终之义也。其六卦则自下而上，法画卦者之自下而上。震巽阴阳起于下，故震纳庚，巽纳辛。坎离阴阳交于中，故坎纳戊，离纳己，艮兑阴阳极于上，故艮纳丙，兑纳丁，甲丙戊庚壬为阳，皆纳阳卦，乙丁己辛癸为阴，皆纳阴卦。"

因此穿透卦的装卦，应以本宫卦为下卦，以穿山透地六十甲子的天干纳卦为上卦，才是名符其实的穿山透地卦。

坎宫：

癸亥龙，坤纳乙癸，为地水师

甲子龙，乾纳甲壬，为天水讼

丙子龙，艮纳丙，为山水蒙

戊子龙，坎纳戊，为山水蒙

庚子龙，震纳庚，为雷水解

壬子龙，乾纳甲壬，为天水讼

乙丑龙，坤纳乙癸，为地水师

艮宫：

丁丑龙，兑纳丁，为泽山咸

己丑龙，离纳己，为火山旅

辛丑龙，巽纳辛，为风山渐

癸丑龙，坤纳乙癸，为地山谦

丙寅龙，艮纳丙，为山山艮

戊寅龙，坎纳戊，为水山蹇

庚寅龙，震纳庚，为雷山小过

壬寅龙，乾纳甲壬，为天山遁

震宫：

甲寅龙，乾纳甲壬，为天雷无妄，

丁卯龙，兑纳丁，为泽雷随，

己卯龙，离纳己，为火雷噬嗑，

辛卯龙，巽纳辛，为风雷益

癸卯龙，坤纳乙癸，为地雷复

乙卯龙，坤纳乙癸，为地雷复

戊辰龙，坎纳戊，为水雷屯

巽宫：

庚辰龙，震纳庚，为雷风恒

壬辰龙，乾纳甲壬，为天风姤

甲辰龙，乾纳甲壬，为天风姤

丙辰龙，艮纳丙，为山风蛊

己巳龙，离纳己，为火风鼎

辛巳龙，巽纳辛，为风风巽

癸巳龙，坤纳乙癸，为地风升

乙巳龙，坤纳乙癸，为地风升

离宫：

丁巳龙，兑纳丁，为泽火革

庚午龙，震纳庚，为雷火丰

壬午龙，乾纳甲壬，为天火同人

甲午龙，乾纳甲壬，为天火同人

丙午龙，艮纳丙，为山火贲

戊午龙，坎纳戊，为水火既济

辛未龙，巽纳辛，为风火家人

坤宫：（未坤申宫）

癸未龙，坤纳乙癸，为地地坤

乙未龙，坤纳乙癸，为地地坤

丁未龙，兑纳丁，为泽地萃

己未龙，离纳己，为火地晋

壬申龙，乾纳甲壬，为天地否

甲申龙，乾纳甲壬，为天地否

丙申龙，艮纳丙，为山地剥

戊申龙，坎纳戊，为水地比

兑宫：

庚申龙，震纳庚，为雷泽归妹

癸酉龙，坤纳乙癸，为地泽临

乙酉龙，坤纳乙癸，为地泽临

丁酉龙，兑纳丁，为泽泽兑

己酉龙，离纳己，为火泽暌

辛酉龙，巽纳辛，为风泽中孚

甲戌龙，乾纳甲壬，为天泽履

乾宫：

丙戌龙，艮纳丙，为山天大畜

戊戌龙，坎纳戊，为水天需

庚戌龙，震纳庚，为雷天大壮

壬戌龙，乾纳甲壬，为天天乾

乙亥龙，坤纳乙癸，为地天泰

丁亥龙，兑纳丁，为泽天夬

己亥龙，离纳己，为火天大有

辛亥龙，巽纳辛，为风天小畜

由上述二种装卦法看来，中国罗盘历来对穿透卦的装卦，是用节中气起局装卦的，对穿山七十二龙和透地六十龙，没多大关系，而且其装卦没有定制，既麻烦又勉强。例如：坎卦甲子龙，循九宫循得风风巽卦，又依什么后天卦序循变为水水坎卦，显然是用勉强的方法故弄玄虚。使学者不易领悟，而产生神秘感。

至于穿透卦在风水上的应用，《罗经透解》说："大抵内卦定于后天之节气，外卦定于九宫之甲子，金水日月轮于七元之演禽，三奇出于二至之顺逆，子父财官起于易卦浑天，贵人禄马立于本龙之干支。

但从目前看来，此卦毫无义理，应予删去。

第十四层　平分六十龙

　　所谓平分，就是平分二十四山向，也是平均分配周天的意思，把二十四山向平分为六十等分，以六十甲子顺排，每一甲子为一等分，就称为平分六十龙。

　　怎么区别七十二龙，透地六十龙和平分六十龙？

　　七十二龙，在前面已经介绍了，是杨筠松以阴阳龙格龙过于粗糙而废去阴阳龙改进为较为细致的符合客观存在的五行而创设的。

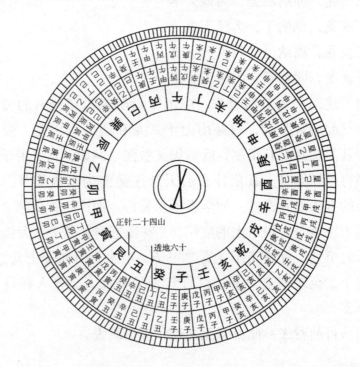

正针二十四山

透地六十

　　透地龙是杨筠松风水理论，主要是七十二龙的八干四维有空位根据七十二龙而创设的，原设天盘而移设地盘，以此为透地与七十二龙对称，因而称七十二龙为穿山虎与透地龙，合称为龙虎。

壬			子		癸		丑		艮		寅		甲		卯		乙		辰	
甲子	丙子	戊子	庚子	壬子	乙丑	丁丑	己丑	辛丑	癸丑	丙寅	戊寅	庚寅	壬寅	甲寅	丁卯	己卯	辛卯	癸卯	乙卯	戊辰	庚辰	壬辰

平分六十龙，不是为风水而设定，而是京房在《周易》卦的发展，为配合八卦和六十四卦纳入干支而分配六十甲子的。与地理风水术没有关系，在罗盘上属于多余的一层。

京房卦用六十卦统三百六十日，应天度三百六十五度四分度之一，当与二十四气相联系，七十二龙既与正针先天十二支相联系，也与二十四气相联系，并不发生任何地理术关系。

由此可见，平分六十龙在中国罗盘的盘面是多余的层次。

第十五层　十二宫次

先哲将周天分为十二次，用以观测日月五星的运行和节气。十二次大致是按星象来决定的，其名称是寿星、大火、析木、星纪、玄枵、娵訾、降娄、大梁、实沈、鹑首、鹑。先哲把天象和地面上的一些地方相配合，这就是分野观念。风水先生认为：食禄有方，只有善于推测方位，才能得到吉祥。《罗经解定》称：子宫以玄枵为宫次，丑宫以星纪为宫次，寅宫以析木为宫次，卯宫以大火为宫次，辰宫以寿星为宫次，巳宫以鹑尾为宫次，午宫以鹑火为宫次，未宫以鹑首为宫次，申宫以实沈为宫次，酉宫以大梁为宫次，戌宫以降娄为宫次，亥宫以取訾为宫次。

壬	子	癸	丑	艮	寅	甲	卯	乙	辰	巽	巳	丙
	元拐之次		星纪之次		析木之次		大火之次		寿星之次		鹑尾之次	

午	丁	未	坤	申	庚	丙	辛	戌	乾	亥
鹑火之次		鹑首之次		鹑火之次		鹑首之次				

　　按：十二宫次是无法考究的。顾名思义，十二宫为首，次于十二宫为十二宫次，对任何风水术都无义理，可有可无，建议删去的层次。

第十六层　二十四节气

　　二十四节气是中国古代订立的一种用来指导农事的补充历法，是在春秋战国时期形成的。由于中国农历是一种"阴阳合历"，即根据太阳也根据月亮的运行制定的，因此不能完全反映太阳运行周期，但中国又是一个农业社会，农业需要严格了解太阳运行情况，农事完全根据太阳进行。公元前104年，由邓平等制定的《太初历》，正式把二十四节气订于历法，明确了二十四节气的天文位置。所以在历法中又加入了单独反映太阳运行周期的"二十四节气"，用作确定闰月的标准。二十四节气能反映季节的变化，指导农事活动，影响着千家万户的衣食住行。

　　在古代，一年分为十二个月纪，每个月纪有两个节气。在前的为节历，在后的为中气，如立春为正月节，雨水为正月中，后人就把节历和中气统称为节气。

　　二十四节气是根据太阳在黄道（即地球绕太阳公转的轨道）

上的位置来划分的。视太阳从春分点（黄经零度，此刻太阳垂直照射赤道）出发，每前进15度为一个节气；运行一周又回到春分点，为一回归年，合360度，因此分为24个节气。节气的日期在阳历中是相对固定的，如立春总是在阳历的2月3日至5日之间。但在农历中，节气的日期却不大好确定，再以立春为例，它最早可在上一年的农历12月15日，最晚可在正月15日。现在的农历既不是阴历也不是阳历，而是阴历与阳历结合的一种阴阳历。农历存在闰月，如按照正月初一至腊月除夕算作一年，则农历每一年的天数相差比很大（闰年13个月）。为了规范年的天数，农历纪年（天干地支）每年的第一天并不是正月初一，而是立春。即农历的一年是从当年的立春到次年立春的前一天。

我们把二十四节气制作一个简单的简表如下：

节气　太阳黄经度数　所在公历日期　所在苗历日期　所分三个气候

立春　315°　2月3——5日　苗历偏月十六日　东风解冻、蛰虫始振、鱼上冰

雨水　330°　2月18——20日　苗历一月一日　獭祭鱼、鸿雁来、草木萌动

惊蛰　345°　3月5——7日　苗历一月十六日　桃始花、仓庚鸣、鹰化为鸠

春分　0°　3月20——21日　苗历二月一日　玄鸟至、雷乃发声、始电

清明　15°　4月4——6日　苗历二月十六日　桐始华、鼠化为鴽、虹始见

谷雨　30°　4月19——21日　苗历三月一日　萍始生、鸣鸠拂其羽、戴胜降于桑

立夏　45°　5月5——7日　苗历三月十六日　蝼蝈鸣、蚯蚓出、王瓜生

小满　60°　5 月 20——22 日　苗历四月一日　苦菜秀、靡草死、小暑至

芒种　75°　6 月 5——7 日　苗历四月十六日　螳螂生、鹃始鸣、反舌无声

夏至　90°　6 月 21——22 日　苗历五月一日　鹿角解、蜩始鸣、半夏生

小暑　105°　7 月 6——8 日　苗历五月十六日　温风至、蟋蟀居辟、鹰乃学习

大暑　120°　7 月 22——24 日　苗历六月一日　腐草化为萤、土润溽暑、大雨时行

立秋　135°　8 月 7——9 日　苗历六月十六日　凉风至、白露降、寒蝉鸣

处暑　150°　8 月 22——24 日　苗历七月一日　鹰乃祭鸟、天地始肃、禾乃登

白露　165°　9 月 7——9 日　苗历七月十六日　鸿雁来、玄鸟归、群鸟养羞

秋分　180°　9 月 22——24 日　苗历八月一日　雷始收声、蛰虫培户、水始涸

寒露　195°　10 月 8——9 日　苗历八月十六日　鸿雁来宾、雀攻大水为蛤、菊有黄花

霜降　210°　10 月 23——24 日　苗历九月一日　豺乃祭兽、草木黄落、蛰虫咸俯

立冬　225°　11 月 7——8 日　苗历九月十六日　水始冰、地始冻、雉入大水为蜃

小雪　240°　11 月 22——23 日　苗历十月一日　虹藏不见、天气上腾、闭塞而成冬

大雪　255°　12 月 6——8 日　苗历十月十六日　鹖鸟不鸣、虎始交、荔挺生

冬至　270°　12 月 21——23 日　苗历动月一日　（苗历新年）蚯蚓结、麋角解、水泉动

小寒　285°　1 月 5——7 日　苗历动月十六日　雁北向、鹊始巢、雉始雏

大寒　300°　1 月 20——21 日　苗历偏月一日　鸡始乳、鸷鸟厉疾、水泽腹坚

关于二十四节气名称，又有哪些含义呢？二十四节气是根据太阳在黄道（即地球绕太阳公转的轨道）上的位置来划分的。视太阳从春分点（黄经零度，此刻太阳垂直照射赤道）出发，每前进 15 度为一个节气；运行一周又回到春分点，为一回归年，合 360 度，因此分为 24 个节气。节气的日期在阳历中是相对固定的，如立春总是在阳历的 2 月 3 日至 5 日之间。但在农历中，节气的日期却不大好确定，再以立春为例，它最早可在上一年的农历 12 月 15 日，最晚可在正月 15 日。

从二十四节气的命名可以看出，节气的划分充分考虑了季节、气候、物候等自然现象的变化。其中，立春、立夏、立秋、立冬、春分、秋分、夏至、冬至是用来反映季节的，将一年划分为春、夏、秋、冬四个季节。春分、秋分、夏至、冬至是从天文角度来划分的，反映了太阳高度变化的转折点。而立春、立夏、立秋、立冬则反映了四季的开始。由于中国地域辽阔，具有非常明显的季风性和大陆性气候，各地天气气候差异巨大，因此不同地区的四季变化也有很大差异。

小暑、大暑、处暑、小寒、大寒等五个节气反映气温的变化，用来表示一年中不同时期寒热程度；雨水、谷雨、小雪、大雪四个节气反映了降水现象，表明降雨、降雪

立春：斗指东北。太阳黄经为 315 度。是二十四个节气的头一个节气。其含意是开始进入春天，"阳和起蛰，品物皆春"，过了立春，万物复苏生机勃勃，一年四季从此开始了。

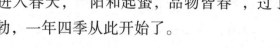

雨水：斗指壬。太阳黄经为330°。这时春风遍吹，冰雪融化，空气湿润，雨水增多，所以叫雨水。人们常说："立春天渐暖，雨水送肥忙"。

惊蛰：斗指丁。太阳黄经为345°。这个节气表示"立春"以后天气转暖，春雷开始震响，蛰伏在泥土里的各种冬眠动物将苏醒过来开始活动起来，所以叫惊蛰。这个时期过冬的虫排卵也要开始孵化。我国部分地区过入了春耕季节。谚语云："惊蛰过，暖和和，蛤蟆老角唱山歌。""惊蛰一犁土，春分地气通。""惊蛰没到雷先鸣，大雨似蛟龙。"

春分：斗指壬。太阳黄经为0°。春分日太阳在赤道上方。这是春季90天的中分点，这一天南北两半球昼夜相等，所以叫春分。这天以后太阳直射位置便向北移，北半球昼长夜短。所以春分是北半球春季开始。我国大部分地区越冬作物进入春季生长阶段。各地农谚有："春分在前，斗米斗钱"（广东）、"春分甲子雨绵绵，夏分甲子火烧天"（四川）、"春分有雨家家忙，先种瓜豆后插秧"（湖北）、"春分种菜，大暑摘瓜"（湖南）、"春分种麻种豆，秋分种麦种蒜"（安徽）。

清明：斗指丁。太阳黄经为15°。此时气候清爽温暖，草木始发新枝芽，万物开始生长，农民忙于春耕春种。从前，在清明节这一天，有些人家都在门口插上杨柳条，还到郊外踏青，祭扫坟墓，这是古老的习俗。

谷雨：斗指癸。太阳黄经为30°。就是雨水生五谷的意思，由于雨水滋润大地五谷得以生长，所以，谷雨就是"雨生百谷"。谚云"谷雨前后，种瓜种豆"。

立夏：斗指东南。太阳黄经为45°。是夏季的开始，从此进入夏天，万物旺盛大。习惯上把立夏当作是气温显着升高，炎暑将临，雷雨增多，农作物进入旺季生长的一个最重要节气。

小满：斗指甲。太阳黄经为60°。从小满开始，大麦、冬小麦等夏收作物，已经结果、籽粒饱满，但尚未成熟，所以叫小满。

芒种：北斗指向巳。太阳黄经为75°。这时最适合播种有芒的谷类作物，如晚谷、黍、稷等。如过了这个时候再种有芒和作物就不好成熟了。同时，"芒"指有芒作物如小麦、大麦等，"种"指种子。芒种即表明小麦等有芒作物成熟。芒种前后，我国中部的长江中、下游地区，雨量增多，气温升高，进入连绵阴雨的梅雨季节，空气非常潮湿，天气异常闷热，各种器具和衣物容易发霉，所以在我国长江中、下游地区也叫"霉雨"。

夏至：北斗指向乙。太阳黄经为90°。太阳在黄经90°"夏至点"时，阳光几乎直射北回归线上空，北半球正午太阳最高。这一天是北半球白昼最长、黑夜最短的一天，从这一天起，进入炎热季节，天地万物在此时生长最旺盛。所心以古时候又把这一天叫做日北至，意思是太阳运生到最北的一日。过了夏至，太阳逐渐向南移动，北半球白昼一天比一天缩短，黑夜一天比一天加长。

小暑：斗指辛。太阳黄经为105°。天气已经很热，但不到是热的时候，所以叫小暑。此时，已是初伏前后。

大暑：斗指丙。太阳黄经为120°。大暑是一年中最热的节气，正值勤二伏前后，长江流域的许多地方，经常出现40℃高温天气。要作好防暑降温工作。这个节气雨水多，在"小暑、大暑，淹死老鼠"的谚语，要注意防汛防涝。

立秋：北斗指向西南。太阳黄经为135°。从这一天起秋天开始，秋高气爽，月明风清。此后，气温由最热逐渐下降。

处暑：斗指戊。太阳黄经为150°。这时夏季火热已经到头了。暑气就要散了。它是温度下降的一个转折点。是气候变凉的象征，表示暑天终止。

白露：斗指癸。太阳黄经为165°。天气转凉，地面水汽结露最多。

秋分：斗指巳。太阳黄经为180°。秋分这一天同春人一样，

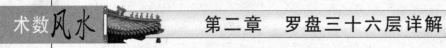

阳光几乎直射赤道，昼夜几乎相等。从这一天起，阳光直射位置继续由赤道向南半球推移，北半球开始昼短夜长。依我国旧历的秋季论，这一天刚好是秋季九十天的一半，因而称秋分。但在天文学上规定，北半球的秋天是从秋分开始的。

寒露：斗指甲。太阳黄经为195°。白露后，天气转凉，开始出现露水，到了寒露，则露水日多，且气温更低了。所以，有人说，寒是露之气，先白而后寒，是气候将逐渐转冷的意思。而水气则凝成白色露珠。

霜降：太阳黄经为210°。天气已冷，开始有霜冻了，所以叫霜降。

立冬：太阳黄经为225°。习惯上，我国人民把这一天当作冬季的开始。冬，作为终了之意，是指一年的田间操作结束了，作物收割之后要收藏起来的意思。立冬一过，我国黄河中、下游地区即将结冰，我国各地农民都将陆续地转入农田水利基本建设和其他农事活动中。

小雪：太阳黄经为240°。气温下降，开始降雪，但还不到大雪纷飞的时节，所以叫小雪。小雪前后，黄河流域开始降雪（南方降雪还要晚两个节气）；而北方，已进入封冻季节。

大雪：太阳黄经为255°。大雪前后，黄河流域一带渐有积雪；而北方，已是"千里冰封，万里雪飘荡"的严冬了。

冬至：太阳黄经为270°。冬至这一天，阳光几乎直射南回归线，我们北半球白昼最短，黑夜最长，开始进入数九寒天。天文学上规定这一天是北半球冬季的开始。而冬至以后，阳光直射位置逐渐向北移动，北半球的白天就逐渐长了，谚云：吃了冬至面，一天长一线。

小寒：太阳黄经为285°。小寒以后，开始进入寒冷季节。冷气积久而寒，小寒是天气寒冷但还没有到极点的意思。

大寒：太阳黄经为300°。大寒就是天气寒冷到了极点的意思。

大寒前后是一年中最冷的季节。大寒正值三九刚过，四九之初。谚云："三九四九冰上走"。

大寒以后，立春接着到来，天气渐暖。至此地球绕太阳公转了一周，完成了一个循环。

二十四节气在中国罗盘盘面的方位，是由缝针先天十二支方位变换为正针十二支方位，随十二月立建的，即以太阴历，以北斗七星的斗柄摇光星所指的方位而立建的，十二月指丑方，正月又复还于寅位，因而俗谚称春正为"斗柄回寅""正月建寅"。即：

大雪，自壬中至子中。冬至，自子中至癸中。

小寒，自癸中至丑中，大寒，自丑中至艮中。

立春，自艮中至寅中。雨水，自寅中至甲中。

惊蛰，自甲中至卯中。春分，自卯中至乙中。

清明，自乙中至辰中。谷雨，自辰中至巽中。

立夏，自巽中至乙中。小满，自巳中至丙中。

芒种，自丙中至午中。夏至，自午中至丁中。

小暑，自丁中至未中。大暑，自未中至坤中。

立秋，自坤中至申中。处暑，自申中至庚中。

白露，自庚中至酉中。秋分，自酉中至辛中。

寒露，自辛中至戌中。霜降，自戌中至乾中。

立冬，自乾中至亥中。小雪，自亥中至壬中。

巳巽辰			乙卯甲			寅艮丑			癸子壬			二十四山	
小	立夏	谷雨	清明	春分	惊蛰	雨水	立春	大寒	小寒	冬至	大雪	雪	二十四气

亥乾戌			辛酉庚			申坤未			丁午丙		
小	立冬	霜降	寒露	秋分	白露	处暑	立秋	大暑	小暑	夏至	芒种	满

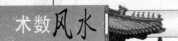

第十七层 二十四节中气起局

　　节中气是我国地区随一年四季、十二个月气温和日照的变化情况而制定的。它主要运用在奇门遁甲择吉方面。二十四节中气，一年十二个月，每月二气，前面的称为节气，后一个称为中气，总名称为节中气，即：

　　正月，立春雨水。二月，惊蛰春分。

　　三月，清明谷雨。四月，立夏小满。

　　五月，芒种夏至。六月，小暑大暑。

　　七月，立秋处署。八月，白露秋分。

　　九月，寒露霜降。十月，立冬小雪。

　　十一月，大雪冬至。十二月，小寒大寒。

　　冬至位于北，在十二支宫位是子宫，在辟卦是复卦。夏至位于南，在十二支宫位是午宫，在辟卦是姤卦，从冷到热，从子到午为阳。从热到冷，即从午到子为阴。所以阳始于子中而尽于午中，阴始于午中而尽于子中。这是黄道方位，即日景方位，就是现代中国罗盘的缝针方位，也称天盘的方位。中国罗盘是以正针即地盘为主盘。所以节中气附于正针之下，而不附于缝针之下。由于缝针的壬子宫，正对正针子中，因而冬至始于正针子中，而尽于正针癸中，小寒始于癸中而尽于丑中夏至始于正针午中而尽于正针丁中。

　　二十四节中气的布局，以一年三百六十五日余分为十二个月，每月一个节气一个中气为二气，每气十五日余而分为三候，一年为七十二候，每候五日余。每气的三候分为上候、中候和下候，即布局的上局中局和下局三局，也即七十二局。

二十四节中期布局的方法，自冬至以后是阳循，即布甲子顺时针方向于九宫，即坎一宫、坤二宫、震三宫、巽四宫、中五宫、乾六宫、兑七宫、艮八宫、离九宫。自夏至以后是阴循，即布甲子逆时针方向布于九宫，即离九宫、艮八宫、兑七宫、乾六宫、中五宫、巽四宫、震三宫、坤二宫、坎一宫，均终而复始。

二十四气分配于八卦的宫位是：

坎宫，冬至小寒大寒。艮宫，立春雨水惊蛰。

震宫，春分清明谷雨。巽宫，立夏小满芒种。

离宫，夏至小暑大暑。坤宫，立秋处暑白露。

兑宫，秋分寒露霜降。乾宫，立冬小雪大雪。

关于起宫，是指二十四气的每一气起宫而言。分为八卦宫位的起宫和各宫三气的起宫二种，每宫三气，第一气起宫于本宫，即：

坎宫第一气冬至，起宫于坎一。

艮宫第一气立春，起宫于艮八。

震宫第一气春分，起宫于震三。

巽宫第一气立夏，起宫于巽四。

离宫第一气夏至，起宫于离九。

坤宫第一气夏至，起宫于坤二。

宫第一气秋分，起宫于兑七。

乾宫第一气立冬，起宫于乾六。

各宫第二气，起宫于各该宫第一气的次宫，第三气起宫于各该宫第二气的次宫，例如，坎宫第一气冬至起于坎一，第二气小寒，即起于坤二。第三气大寒，即起于震三。

二十四气，各气起宫于次：

冬至坎一阳循，小寒坤二，大寒震三。

立春艮八阳循，雨水离九，惊蛰坎一。

春分震三阳循，清明巽四，谷雨中五。

立夏巽四阳循，小满中五，芒种乾六。

夏至离九阴循，小暑艮八，大暑兑七。

立秋坤二阴循，处暑坎一，白露离九。

秋分兑七阴循，寒露乾六，霜降中五。

立冬乾六阴循，小雪中五，大雪巽四。

第十八层　八门三奇

八门三奇，为奇门遁甲的知识范畴，顺便我们讲一下奇门遁甲的发展史略。奇门遁甲是我国预测学的一种，源远流长，但究竟何时出现，迄今无从考证。一般都传为黄帝所造的说法，从奇门主要用于军事，从奇门与河图洛书以及周易的关系看，应该说萌生于先秦时期，当不致大错。汉代的陈平、邓禹及蜀国诸葛亮和唐朝的郭子仪、李靖，明朝的刘伯温都是精通此术的大师，清朝的《古今图书集成》、《四库全书》均收录遁甲类著述。在千百年的流传中，奇门遁甲术不断发展完善，构建了严密庞大的体系，成为层次高深的预测学。

奇门术宜于日象，适宜于天地自然的配合，不宜于以客观自然为选择对象的风水术，因为它的主旨不在于"葬乘生气"。而且在运用方面，千百年来尚存在一些没有统一解决的问题。例如，布局是用九宫，而八卦和八门都只有八宫，演遁到中五宫时，有说寄于坤二、于艮八的说法，有说阳遁寄坤二，阴遁寄艮八的，有说春季寄于艮八，夏季寄于巽四，秋季寄于坤二，冬季寄于乾六，迄今不能统一确定。再如中国罗盘透地六十甲子，有的甲子起于正针壬中，有的起于正针壬初的。中国罗盘透地六十龙的甲子，是冬至节气的开始，古人用土圭测定冬至的方位是日景方位的正北方，即是中国罗盘缝针的子宫，缝针的子初，正对正针的子中，也即是缝针的壬初正对正针的壬中。

奇门遁甲的排演方法，是以天人地三盘，冬至后顺仪逆奇，夏至后逆仪顺奇，较难入门。所谓八门是：休门、生门、伤门、杜门、景门、死门、惊门、开门。它的含义主要是：

休门，是休门无事，养息，百事平安。

生门，是生气、产生、生长、发达、胜利、有生路。

伤门，是伤害、损伤、失败或退步。

杜门，是杜绝、闭塞、不通顺。

景门，即虚构、假象、骗局。

死门，是死绝、没有生路。

惊门，是震惊、危险。

开门，是顺利、四通八达、百事顺利。

这八门，开门大吉，生门次吉，休门又次吉，死门大凶，伤门次凶，惊门小凶，景门又小凶，杜门不吉不凶。

八门定局的排演法，将年月日时和地理术透地龙的六十甲子，以三个甲子一组（旬）依照子午卯酉分为二十旬，各旬依后天八卦顺序分别从一定的宫位起宫，按休生伤杜景死惊开八门的次序，

冬至后顺遁，夏至后对宫起休，就可以遁得各门所占八卦宫位。

三奇为乙、丙、丁，三奇的遁演法是将六十甲子按每月二气，每气三候，每候五日为一局，三候分为上中下三局。即：

甲子，乙丑，丙寅，丁卯，戊辰为上局。

己巳，庚午，辛未，壬申，癸酉为中局。

甲戌，乙亥，丙子，丁丑，戊寅为下局。

己卯，庚辰，辛巳，壬午，癸未为上局。

甲申，乙酉，丙戌，丁亥，戊子为中局。

己丑，庚寅，辛卯，壬辰，癸巳为下局。

甲午，乙未，丙申，丁酉，戊戌为上局。

己亥，庚子，辛丑，壬寅，癸卯为中局。

甲辰，乙巳，丙午，丁未，戊申为下局。

己酉，庚戌，辛亥，壬子，癸丑为上局。

甲寅，乙卯，丙辰，丁巳，戊午为中局。

己未，庚申，辛酉，壬戌，癸亥为下局。

上述六甲和六己就是每气三候，即三局的旬头。穿山六十龙的分局，查阅六甲和六己旬头就可以了。例如：丁卯龙，是甲子旬头，为上局。辛卯龙，是己巳旬头，为中局。

知道了查旬头分局。再查看穿透六十龙是属于二十四气的那一气，就是那一气的什么局。依照口诀起甲子，冬至以后是顺仪逆奇，夏至以后是逆仪顺奇的布局。乙丙丁三奇也就随甲子头而推遁出宫位了。

奇门遁甲的布局口诀是：冬至后阳局，顺布六仪，逆布三奇。

冬至惊蛰一七四，小寒二八五为次，

大寒春分三九六，立春八五二宫照。

雨水九六三顺旋，芒种六三九局殊，

立夏清明四一七，谷雨小满五二八。

夏至后阴局，逆布六仪，顺布三奇。

夏至白露九三六，小暑八五二宫宿，

大暑秋分七一四，立秋二五八宫是，

处暑逆推一四七，大雪运排四七一，

立冬寒露六九三，霜降小雪五八二。

穿透六十龙乙丙丁三奇定局。

甲子龙，大雪上局四，三奇五六七宫。

丙子龙，大雪下局一，三奇二三四宫。

戊子龙，大雪中局七，三奇八九一宫。

　　　　　冬至中局七，三奇六五四宫。

庚子龙，冬至中局七，三奇六五四宫。

壬子龙，冬至上局一，三奇九八七宫。

乙丑龙，小寒上局二，厅奇一九八宫。

丁丑龙，小寒下局五，三奇四三二宫。

己丑龙，小寒下局五，三奇四三二宫。

　　　　　大寒下局六，三奇五四三宫。

辛丑龙，大寒中局九，三奇八七六宫。

癸丑龙，大寒上局三，三奇二一九宫。

丙寅龙，立春上局八，三奇七六五宫。

戊寅龙，立春下局二，三奇一九八宫。

庚寅龙，立春下局二，三奇一九八宫。

　　　　　雨水下局三，三奇二一九宫。

壬寅龙，雨水中局六，三奇五四三宫。

甲寅龙，雨水中局六，三奇五四三宫。

丁卯龙，惊蛰上局一，三奇九八七宫。

己卯龙，惊蛰上局一，三奇九八七宫。

辛卯龙，惊蛰下局四，三奇三二一宫。

癸卯龙，春分中局九，三奇八七六宫。

　　　　　春分下局六，三奇五四三宫。

乙卯龙，春分中局九，三奇八七六宫。

戊辰龙，清明上局四，三奇三二一宫。

庚辰龙，清明上局四，三奇三二一宫。

壬辰龙，清明下避七，三奇六五四宫。

　　　　谷雨下局八，三奇七六五宫。

甲辰龙，谷雨下局八，三奇七六五宫。

丙辰龙，谷雨中局二，三奇一九八宫。

己巳龙，立夏中局一，三奇九八七宫。

立巳龙，立夏上局四，三奇三二一宫。

癸巳龙，立砟上局四，三奇六五四宫。

　　　　小满下局八，三奇七六五宫。

乙巳龙，小满下局八，三奇七六五宫。

丁巳龙，小满中局二，三奇一九八宫。

庚午龙，芒种中局三，三奇二一九宫。

壬午龙，芒种上局六，三奇五四三宫。

甲午龙，芒种上局六，三奇五四三宫。

　　　　夏至上局九，三奇一二三宫。

丙午龙，夏至下局六，三奇七八九宫。

戊午龙，夏至中局三，三奇四五六宫。

辛未龙，小暑中避二，三奇三四五宫。

癸未龙，小暑上局八，三奇九一二宫。

乙未龙，小暑上局八，三奇九一二宫。

　　　　大暑上局七，三奇八九一宫。

丁未龙，大暑上局七，三奇八九一宫。

己未龙，大暑下局四，三奇五六七宫。

壬申龙，立秋中局五，三奇六七八宫。

甲申龙，立秋中局五，三奇六七八宫。

丙申龙，立秋中局二，三奇三四五宫。

処暑上局一，三奇二三四宫。

戊申龙，処暑下局七，三奇八九一宫。

庚申龙，処暑下局七，三奇八九一宫。

癸酉龙，白露中局三，三奇四五六宫。

乙酉龙，白露中局三，三奇四五六宫。

丁酉龙，白露上局九，三奇一二三宫。

秋分上局七，三奇八九一宫。

己酉龙，秋分上局七，三奇八九一宫。

辛酉龙，秋分下局七，三奇八九一宫。

甲戌龙，寒露中局九，三奇一二三宫。

丙戌龙，寒露中避九，三奇一二三宫。

戊戌龙，寒露上局六，三奇七八九宫。

霜降上局五，三奇六七八宫。

庚戌龙，霜降上局五，三奇六七八宫。

壬戌龙，霜降下局二，三奇三四五宫。

乙亥龙，立冬下局三，三奇四五六宫。

丁亥龙，立冬中局九，三奇一二三宫。

己亥龙，立冬中局八，三奇九一二宫。

小雪上局五，三奇六七八宫。

辛亥龙，小雪下局二，三奇三四五宫。

癸亥龙，小雪下局二，三奇三四五宫。

在风水的实际应用中，奇门风水，只是风水理气的一个分支，属于前面讲到的专业盘，对于一般的研究者，没有实际意义，属于可删除可保留部分。

第十九层　四吉

　　四吉讲的是指二十八宿中属金、属水、属日、属月的四吉星。七元禽星的七元，是指二十八宿以日月火水木金土七元的属性，因而称为七禽星。

　　推演四吉的方法是，以本龙持世星宿依照七元禽星口诀起二十八宿禽星，在节候起局的宫位起宫，按二十八宿次序，冬至以后为阳局，顺飞九宫，夏至以后为阴局，逆飞九宫，四圈以后，即可得金水日月四吉同泊的宫位。四吉层和上面的一样，对于一般的研究者，没有实际意义，属于可删除可保留部分。

第二十层　正针一百二十分金

　　在正针二十四山之下，每山各设五位，合一百二十格，用以避孤虚、龟甲，风水上称为分金。也就是将平分六十龙，即六十分金的每组甲子重复一次，共计为一百二十甲子，称为一百二十分金。其甲子在正针，应起于正针壬中。在中针，应起于中针壬中。在缝针，应起于缝针壬中。以丙丁庚辛为旺相分金。其余甲乙戊己壬癸为孤虚、龟甲。

　　"昔人谓分金不可以克坐穴，坐穴不可以克龙神。"坐穴是指七十二龙，龙神是指透地六十龙，坐穴与龙神，如此正针三七分金，坐穴与龙神完全是一致的，那坐穴甲子，龙神也是甲子。坐穴丙子，龙神也是丙子。所以没有什么克与不克的问题。只要正针二百四十分分金准确，一九、四六、二八都是坐穴与龙神一致，只有八干四维的一九分金，才是龙神对坐穴的大空亡。

以分金不可以克坐穴而言，坐穴丙寅火对分金辛丑土，坐穴生分金，凶。

坐穴戊寅土，对分金丙寅火，分金生坐穴吉。

坐穴壬寅金，对分金庚寅木，为坐穴克分金吉。

坐穴甲寅水，对分金丙寅火，为坐穴克分金吉。

坐穴丁卯水，对分金庚寅木，为坐穴生分金凶。

坐穴己卯水，对分金丁卯火，为分金生坐穴吉。

坐穴癸卯金，对分金辛卯木，为坐穴克分金吉。

坐穴乙卯水，对分金丁卯火，为坐穴克分金吉。

坐穴戊辰木，对分金辛卯木，为比和，主吉。

坐穴庚辰金，对分金丙辰土，为分金生坐穴吉。

坐穴丙辰土，对分金丙辰土，为比和，主吉。

坐穴己巳木，对分金庚辰金，为分金克坐穴凶。

坐穴辛巳金，对分金丁巳土，为分金坐穴吉。

坐穴乙巳火，对分金辛巳金，为坐穴克分金吉。

坐穴庚午土，对分金辛巳金，为坐穴生分金凶。

坐穴壬午木，对分金丙午水，为分金生坐穴吉。

坐穴丙午水，对分金庚午土，为分金克坐穴凶。

坐穴戊午火，对分金丙午水，为分金克坐穴凶。

坐穴辛未土，对分金庚午土，为比和，吉。

一百二十分金，在地理术理气方面，主要是作用于分金的旺相，目的在达到乘旺盛的生长。包括内乘龙气和外接堂气。龙气，即内气，龙脉的根本。堂气，即外气，是环境，是外界因素。《葬书》说"外气所以聚内气"，所以主要还是聚内气。采取的手段，首先就是格龙。格龙，是通过观土察水察识来龙的生气情况，根据生气情况决定乘生气的方法，即所谓坐穴和定向。坐穴的精确度，在唐朝时杨筠松依赖于二十八宿的周天分度。后来他的徒裔根据周天分度和《周易》的九六冲和，创设了二百四十分并相继创设六十分金和一百二十分金。因而坐穴，二百四十分的正针三七、缝针二八、一百二十分金的丙丁庚辛，以及周天分度，都在一条分金线上，严格的控制了乘生气的准确性。

因此：正针三七，就是缝针二八，也是百二十分金的丙丁庚辛和二十八宿的坐度。三七、二八、百二十龙的丙丁庚辛龙同名"分金"，顾名思义，一百二十分金是专为十分金而设，不宜于其它的地理术作用。

第二十一层　一百二十分金配卦

一百二十分金是原六十分金的重复，一百二十分金的配卦，也是原六十分金配天元人元即连山，周易二盘卦的重复，主要来自于《京房易》因为用法不一样，我在这里我不必再作解释了。

今将一百二十分金配卦列下：

甲子，比，解。　　　　　丙子，剥，涣。

戊子，复，未济。　　　　庚子，颐，师。

壬子，屯，困。　　　　　甲子，比，解。

丙子，剥，涣。　　　　　戊子，复，未济。

庚子，颐，师。　　　　　壬子，屯，困。

乙丑，益，讼。　　　　　丁丑，震，蒙。

己丑，噬嗑，　　　　　　小过。辛丑，随，渐。

癸丑，无妄，旅。　　　　乙丑，益，讼。

丁丑，震，蒙。

辛丑，随，渐。

甲寅，明夷，谦。

戊寅，济，遁。

壬寅，豆，艮。

丙寅，贲，咸。

庚寅，家人，蹇。

乙卯，革，震。

己卯，临，噬嗑。

癸卯，节，随。

丁卯，同人，益。

辛卯，损，复。

甲辰，中孚，无妄。

戊辰，暌，颐。

壬辰，履，巽。

丙辰，归妹，屯。

庚辰，兑，恒。

乙巳，泰，鼎。

己巳，需，大过。

癸巳，大壮，井。

丁巳，大畜，升。

辛巳，小畜，姤！

甲午，大有，蛊。

戊午，姤，家人。

壬午，鼎，萃。

丙午，夬，丰。

庚午，大过，明夷。

乙未，恒，同人。

己丑，噬嗑，小过。

癸丑，无妄，旅。

丙寅，贲，咸。

庚寅，家人，蹇。

甲寅，明夷，谦。

戊寅，既济，遁。

壬寅，豆，艮。

丁卯，同人，益。

辛卯，损，复。

乙卯，革，震。

己卯，临，噬嗑。

癸卯，节，随。

丙辰，归妹，屯。

庚辰，兑，恒。

甲辰，中孚，无妄。

戊辰，暌，颐。

壬辰，履，巽。

丁巳，大畜，升。

辛巳，小畜，姤。

乙巳，泰，鼎。

己巳，需，大过。

癸巳，大壮，井。

丙午，夬，谷。

庚午，大过，明夷。

甲午，大有，蛊。

戊午，姤，家人。

壬午，鼎，萃。

丁未，巽，济。

己未，井，贲。　　　　　辛未，蛊，豫。

癸未，升，观。　　　　　乙未，恒，同人。

丁未，巽，济。　　　　　己未，井，贲。

辛未，蛊，豫。　　　　　癸未，升，贲。

甲申，讼，晋。　　　　　丙申，困，萃。

戊申，济，否。　　　　　庚申，解，比。

壬申，涣，剥。　　　　　甲申，讼，晋。

丙申，困，萃。　　　　　戊申，济，否。

庚申，解，比。　　　　　壬申，涣，剥。

乙酉，蒙，归妹。　　　　丁酉，师，中孚。

己酉，遁，睽。　　　　　辛酉，咸，临。

癸酉，旅，兑。　　　　　乙酉，蒙，归妹。

丁酉，师，中孚。　　　　己酉，遁，睽。

辛酉，咸，临。　　　　　癸酉，旅，兑。

甲戌，小过，履。　　　　丙戌，渐，节。

戊戌，蹇，损。　　　　　庚戌，艮，大壮。

壬戌，谦，小畜。　　　　甲戌，小过，履。

丙戌，渐，节。　　　　　戊戌，蹇，损。

庚戌，艮，大壮。　　　　壬戌，谦，小畜。

乙亥，否，大有。　　　　丁亥，萃，泰。

己亥，晋，夫。　　　　　辛亥，豫，需。

癸亥，观，大畜。　　　　乙亥，否，大有。

丁亥，萃，泰。　　　　　己亥，晋，夫。

辛亥，豫，需。　　　　　癸亥，观，大畜。

第二十二层　中针二十四山向

中针人盘二十四山。风水先生认为：先有天地，后有人，故人盘居天地盘之中，子午对准内盘的壬子和丙午之间。处于二十四山方位向右错开半格，属于北极子午。风水先生称之为上关天星厘度气运进退，下关山川分野地脉赖否。在正针的右边。玄空罗盘或三元罗

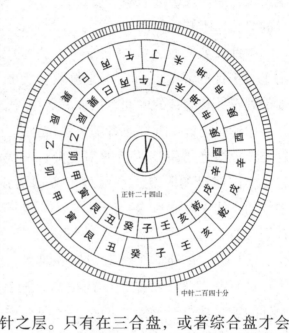

正针二十四山

中针二百四十分

盘中，就没有中针，缝针之层。只有在三合盘，或者综合盘才会有，但就罗盘的意义来说，他们也是不可求少的一部分。现在的三元风水师，刚好利用中针，缝针的位置来检测兼向不兼向。

中针二十四山向的设立，传说是宋朝堪舆大师赖文俊设制的，学习天星派风水的都用罗盘的中针来消砂纳水，其中赖文俊的《催官篇》，张九仪的《拨砂经》在讲解风水时都是按罗盘的中针为标准。

赖文俊，原名赖风冈，字文俊，江西省定南县凤山冈人。曾任国师之职，后受秦桧陷害，长期处于流落生涯中，因为好相地之术，弃职浪游广东东北一带，自号布衣子，所以世称赖布衣，以撰《催官篇》著名。

　　《催官篇》论龙穴砂水，都是主于二十四天星，即：壬山天帝星，子山阳光星，癸山天道星，丑山天厨星，艮山天市星，寅山天培星，甲山天死星，卯山天命星，乙山天官星，辰山天罡星，巽山太乙星，巳山天屏星，丙山天微星，午山天马星，丁山天柱星，未山天帝星，坤山天钱星，申山天关星，庚山天汉星，酉山少微星，辛山天乙星，戌山天魁星，乾山天厩星，亥山天皇星。这二十四天星的名称，不知从何而来，人们在怀疑这些是赖文俊编造的。

　　中针又名人盘，缝针，他和天盘缝针一样，二十四山的每一山正对正针的界缝，所以也是缝针，为了与天盘缝针区别，同时他位处正针和缝针的中间，因而另名中针。

　　中针、正针、缝针三者的关系位置，正针是罗盘的主盘，是磁针方位，即是指南针所指的南北向，一般称为子午针。中针和缝针是中国罗盘的附盘，在地理术方面的作用，是为正针服务的，中针的正北正对北极星，所以中针是极星方位，他的子宫偏于正针子宫的右边，古人称为"先至之气"。所谓先至，是指方位而言，就是说在正针子气尚未到来的时候，就已经称为中针的子气了。总而言之，以罗盘二十四山向顺时针方向左旋的顺序去读，中针的正北是先于正针的正北。也即是说，北极星的位置在指南针所指正北的位置的右边。这一磁针所指方位，即正针方位与极星方位，即中针方位就成了一个夹角，这个夹角现代称之为"磁偏角"。

　　缝针的子午正对正针的子癸和午丁的界缝，也即缝针的子宫位于正针子宫的右边半宫。近代地理术称之为"后至之气"以顺时针方向去读二十四山向，是缝针子宫后于正针子宫，古人称为"后至之气"。

　　中针之所以名为人盘，古人以天地人称为三才，缝针居罗盘三针之外，以上为天，所以称为天盘。正针居罗盘三针之内，以下为地，所以称为地盘。而中针位居中间，以人居于中，所以称为人盘。由于中针是赖文俊创制的，所以名为"赖盘"。正针和缝针是杨筠松创制的，正针和缝针又名为"杨盘"。天星风水无论是格龙、乘气、消砂、纳水、立向，全部都是使用中针。赖公著称于世的拨砂诀为：

> 克我煞见则祸绝，我生泄气渐飘零，
> 我克奴砂为财帛，比和为旺丁财足，
> 生我之星号食神，食神毓秀诞科甲。

就砂和形状、位置、向背、远近、高低来说，砂以向、内、远、大、先为吉；以背、外、近、小、后为凶。砂如近前，以高不过仞、大不过寻为吉，颜开清切为美、尖方圆的砂为吉、歪斜碎砂为凶，吉砂高则吉，凶砂高则凶。其判断是以五行生克为依据。此外按赖公拨砂决，砂有五种：生砂、旺砂、奴砂、煞砂和泄砂，前三者为吉，后两者为凶。

第二十三层　中针二百四十分

二百四十分是风水上为严密准确分金，根据二十八宿坐吉度而增设的，与平分六十龙，一百二十分金同为一个目的。将二十四山每山平均划为十个等分，即每山划为十分，二十四山共计二百四十分。并以每山的正中，称为十分，左右自九分递增减为八七六五分，五分在相邻二山的界缝。即本山的九分是邻山的一分，八分是邻山的二分，七分是邻山的三分，六分是邻山的四分，五分是相邻二山的界缝。

二百四十分的分数，是标示二十四山每山生气的旺衰程度，十分为最旺，一分为最衰。以正针而言，取三七为九六冲和为最佳。以中针缝针而言，取二八为九六冲和，因此正针必须是三七

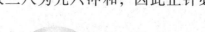

分金，而中针缝针也必须是二八分金，才是二十八宿的吉度和吻合丙丁庚辛分金，否则，就是孤虚关煞。所以近代做风水的中针和缝针所谓"兼三分"来立向是不合法的。

所谓兼前三七，兼后二八，这是一句很奥秘的话，这也是地理秘传的奥秘，使局外人不可以理解。所谓前兼或兼前，是指正针。后兼或兼后，是指缝针。即是说正针是三七，缝针就是二八，还是同一条线。

第二十四、五层　净阴净阳及五行属性

罗经上有一红黑净阴净阳层，净阴净阳遵循先天而用后天，中针为主辨别阴阳。历史上著名风水宗师赖布衣，焦仁山一脉即用此派。二十四山在天分属于九星所管，用中针收纳，以辨阴阳。所谓九星是指在太微西北的北斗七星，加上洞明隐光二星共称为九星。九宫掌，排山掌都用的为九星方法。九星在此不用于翻卦，而是以九星五行来命名水火金木四局。

九星的名称是很多的，也有各自的五行属性，列举如下：

第一星，天枢，贪狼，生气，紫气。木

第二星，天旋，巨门，天医，五鬼。土

第三星，天机，禄存，绝体，延年。土

第四星，天权，文曲，游魂，六煞。水

第五星，阳衡，廉贞，五鬼，祸害。火

第六星，阳豆，武曲，福德，天医。金

第七星，遥光，破军，绝命，绝体。金

第八星，洞明，左辅，本宫，伏位。土

第九星，隐光，右弼。火

第二十六层 三元紫白

　　三元紫白，即是以三元的八门配九宫而定吉凶的一种术数。

　　三元紫白具体的记载是在《四库全书·钦定协记辩方书》中："《黄帝遁甲经》曰：三元者，起于九宫也。"以休门为一白，死门为二黑，伤门为三碧，杜门为四绿，中宫为五黄，开门为六白，惊门为七赤，生门为八白，景门为九紫。《通书》云九宫者，神龟负文于背，禹因以陈九畴，即洛书戴九履一，左三，右七，二四为肩，六八为足，五数居中，纵横斜皆成十五者是也。河图则天一地二，天三地四，天五地六，天七地八，天九地十。而先儒有除十用九之说，所谓河图洛书相为经纬，八卦九章相为表里者也。东汉张衡变九章为九宫。从一白，二黑，三碧，四绿，五黄，六白，七赤，八白，九紫，分三元六甲，以数作方，而一白居坎，二黑居坤，三碧居震，四绿居巽，五黄居中，六白居乾，七赤居兑，八白居艮，九紫居离，是为九宫，静则随方而定，动则依数而行。"

　　说到三元紫白就要讲一下三元九运。玄空地理以一百八十年为一周期，分三元九运。元分上、中、下三元。每元六十年，刚好为一甲子。每元管三运，每运二十年。每运皆有一星入中管运。周而复始，直至无穷。

上元

甲子、甲戌二十年为一运，由一白水星管运；

甲申、甲午二十年为二运，由二黑土星管运；

甲辰、甲寅二十年为三运，由三碧木星管运；

中元

甲子、甲戌二十年为四运，由四绿木星管运；

甲申、甲午二十年为五运，由五黄土星管运；

甲辰、甲寅二十年为六运，由六白金星管运；

下元

甲子、甲戌二十年为七运，由七赤金星管运；、

甲申、甲午二十年为八运，由八白土星管运；

甲辰、甲寅二十年为九运，由九紫火星管运。

近期的三元九运年份如下：

1864 年至 1883 年为上元一运；

1884 年至 1903 年为上元二运；

1904 年至 1923 年为上元三运；

1924 年至 1943 年为中元四运；

1944 年至 1963 年为中元五运；

1964 年至 1983 年为中元六运；

1984 年至 2003 年为下元七运；

2004 年至 2023 年为下元八运；

2024 年至 2043 年为下元九运。

九运二十四山变易图

九二	五六	七四
八三	一一 顺逆	三八
四七	六五	二九

一三	六七	八五
九四	二二 顺逆	四九
五八	七六	三一

二四	七八	九六
一五	三三 顺逆	五一
六九	八七	四二

三五	八九	一七
二六	四四 顺逆	六二
七一	九八	五三

五七	一二	三九
四八	六六 顺逆	八四
九三	二一	七五

六八	二三	四一
五九	七七 顺逆	九五
一四	三二	八六

七九	三四	五二
六一	八八 顺逆	一六
二五	四三	九七

八一	四五	六三
七二	九九 顺逆	二七
三六	五四	一八

　　以上八图，无常派玄空大师章仲山称之为《传心八易》，据说是宋初华山道士陈希夷，传授给吴景鸾之父吴克诚的玄空秘法。

　　从图中我们可以看出，除五运图中的二十四山与罗盘上的地盘相符外，其余八运图中的二十四山都是变动的。但千古以来，所有的风水师都是以地盘二十四作为依据。

　　在许多玄空大师的著作中，我们却可以看到，他们在为人相宅断坟时，经常会用到年月紫白飞星，结合某宫位的山向飞星组合而断祸福。这就给了我们一个提示：年月紫白飞星要结合特定宫位的飞星组合，才能显示其威力！这就是说：年月日时的紫白飞星，配地盘二十四山是不能体现出其作用的，必须要配合三元九运中某山向中某特定宫位的飞星组合威力！因此，紫白选择法一定要配合，三元九运飞星图中的星盘组合，才能显其作用，才是真正的适合三元九运中，不断变易的二十四山下卦、起星的选择法，才是真正的玄空风水法。

年紫白求法

诀云：

上元甲子一白求，中元四绿木为头，

下元七赤中央去，逐年逆数顺宫游。

　　上元甲子六十年管一、二、三运。甲子年一白入中宫顺飞，乙丑年九紫入中宫顺飞，丙寅年八白入中宫顺飞，九星逐年逆轮入中顺飞八方，直至癸亥年五黄入中止；

　　中元甲子六十年管四、五、六运。甲子年四绿入中宫顺飞，乙丑年三碧入中宫顺飞，丙寅年二黑入中宫顺飞，九星逐年逆轮入中顺飞八方，直至癸亥年八白入中止；

　　下元甲子六十年管七、八、九运。甲子年七赤入中宫顺飞，乙丑年六白三碧入中宫顺飞，丙寅年五黄入中宫顺飞，九星逐年逆轮入中顺飞八方，直至癸亥年二黑入中止。进入下一轮循环。

近期三元九运逐年紫白及男女年命星表

六运甲辰、甲寅二十年 1964 年至 1983 年，由六白金星统运

公元	六十花甲	值年九星	男命星	女命星
1964 年	甲辰	九紫	九紫	六白
1965 年	乙巳	八白	八白	七赤
1966 年	丙午	七赤	七赤	八白
1967 年	丁未	六白	六白	九紫
1968 年	戊申	五黄	五黄	一白
1969 年	己酉	四绿	四绿	二黑
1970 年	庚戌	三碧	三碧	三碧
1971 年	辛亥	二黑	二黑	四绿
1972 年	壬子	一白	一白	五黄
1973 年	癸丑	九紫	九紫	六白
1974 年	甲寅	八白	八白	七赤
1975 年	乙卯	七赤	七赤	八白
1976 年	丙辰	六白	六白	九紫
1977 年	丁巳	五黄	五黄	一白
1978 年	戊午	四绿	四绿	二黑
1979 年	己未	三碧	三碧	三碧
1980 年	庚申	二黑	二黑	四绿
1981 年	辛酉	一白	一白	五黄
1982 年	壬戌	九紫	九紫	六白

精解罗经三十六层

公元	六十花甲	值年九星	男命星	女命星
1983 年	癸亥	八白	八白	七赤

七运甲子、甲戌二十年 1984 年至 2003 年，由七赤金星统运

公元	六十花甲	值年九星	男命星	女命星
1984 年	甲子	七赤	七赤	八白
1985 年	乙丑	六白	六白	九紫
1986 年	丙寅	五黄	五黄	一白
1987 年	丁卯	四绿	四绿	二黑
1988 年	戊辰	三碧	三碧	三碧
1989 年	己巳	二黑	二黑	四绿
1990 年	庚午	一白	一白	五黄
1991 年	辛未	九紫	九紫	六白
1992 年	壬申	八白	八白	七赤
1993 年	癸酉	七赤	七赤	八白
1994 年	甲戌	六白	六白	九紫
1995 年	乙亥	五黄	五黄	一白
1996 年	丙子	四绿	四绿	二黑
1997 年	丁丑	三碧	三碧	三碧
1998 年	戊寅	二黑	二黑	四绿
1999 年	己卯	一白	一白	五黄
2000 年	庚辰	九紫	九紫	六白

公元	六十花甲	值年九星	男命星	女命星
2001 年	辛巳	八白	八白	七赤
2002 年	壬午	七赤	七赤	八白
2003 年	癸未	六白	六白	九紫

八运甲申、甲午二十年 2004 年至 2023 年，由八白土星统运

公元	六十花甲	值年九星	男命星	女命星
2004 年	甲申	五黄	五黄	一白
2005 年	乙酉	四绿	四绿	二黑
2006 年	丙戌	三碧	三碧	三碧
2007 年	丁亥	二黑	二黑	四绿
2008 年	戊子	一白	一白	五黄
2009 年	己丑	九紫	九紫	六白
2010 年	庚寅	八白	八白	七赤
2011 年	辛卯	七赤	七赤	八白
2012 年	壬辰	六白	六白	九紫
2013 年	癸巳	五黄	五黄	一白
2014 年	甲午	四绿	四绿	二黑
2015 年	乙未	三碧	三碧	三碧
2016 年	丙申	二黑	二黑	四绿
2017 年	丁酉	一白	一白	五黄
2018 年	戊戌	九紫	九紫	六白
2019 年	己亥	八白	八白	七赤

精解罗经三十六层

公元	六十花甲	值年九星	男命星	女命星
2020 年	庚子	七赤	七赤	八白
2021 年	辛丑	六白	六白	九紫
2022 年	壬寅	五黄	五黄	一白
2023 年	癸卯	四绿	四绿	二黑

九运甲辰、甲寅二十年 2024 年至 2043 年，由九做火星统运

公元	六十花甲	值年九星	男命星	女命星
2024 年	甲辰	三碧	三碧	三碧
2025 年	乙巳	二黑	二黑	四绿
2026 年	丙午	一白	一白	五黄
2027 年	丁未	九紫	九紫	六白
2028 年	戊申	八白	八白	七赤
2029 年	己酉	七赤	七赤	八白
2030 年	庚戌	六白	六白	九紫
2031 年	辛亥	五黄	五黄	一白
2032 年	壬子	四绿	四绿	二黑
2033 年	癸丑	三碧	三碧	三碧
2034 年	甲寅	二黑	二黑	四绿
2035 年	乙卯	一白	一白	五黄
2036 年	丙辰	九紫	九紫	六白
2037 年	丁巳	八白	八白	七赤
2038 年	戊午	七赤	七赤	八白
2039 年	己未	六白	六白	九紫

公元	六十花甲	值年九星	男命星	女命星
2040 年	庚申	五黄	五黄	一白
2041 年	辛酉	四绿	四绿	二黑
2042 年	壬戌	三碧	三碧	三碧
2043 年	癸亥	二黑	二黑	四绿

月家紫白求法

诀云：

子午卯酉八白求，寅申巳亥二黑游。

辰戌丑未五黄发，掌上飞遁用逆抽。

月紫白排法，以地支十二年分为三元，子午卯酉年为上元，正月八白入中顺飞九宫，二月七赤入中顺飞九宫，三月六白入中顺飞九宫，一月一星，星逆轮而顺布九宫；

辰戌丑未年为中元，正月五黄入中顺飞九宫，二月四绿入中顺飞九宫，三月三碧入中顺飞九宫，一月一星，星逆轮而顺布九宫；

寅申巳亥年为下元，正月二黑入中顺飞九宫，二月一白入中顺飞九宫，三月九紫入中顺飞九宫，一月一星，星逆轮而顺布九宫。

各年逐月紫白表

月份	子午卯酉年	辰戌丑未年	寅申巳亥年
正月	八白	五黄	二黑
二月	七赤	四绿	一白
三月	六白	三碧	九紫

精解罗经三十六层

月份	子午卯酉年	辰戌丑未年	寅申巳亥年
四月	五黄	二黑	八白
五月	四绿	一白	七赤
六月	三碧	九紫	六白
七月	二黑	八白	五黄
八月	一白	七赤	四绿
九月	九紫	六白	三碧
十月	八白	五黄	二黑
十一月	七赤	四绿	一白
十二月	六白	三碧	九紫

日家紫白求法

诀云：

> 修造星辰且要知，三元紫白最为奇。
> 冬至阳生前后节，顺行甲子一宫移。
> 雨水便从七宫起，谷雨还从四绿推。
> 阴生夏至九宫逆，处暑前后三碧是。
> 霜降六宫起甲子，顺逆分明十二支。
> 有是何星会值日，移入中宫顺逆飞。

日家紫白排法，以冬至、夏至前后之甲子日为阴阳顺逆的分界点。冬至为阴之极，阴尽阳生，故从冬至前后之甲子起一白，入中顺飞九宫，乙丑日二黑入中顺飞九宫，丙寅日三碧入中顺飞九宫，九星逐日顺轮入中顺飞九宫。冬至后至夏至前的半年，分上、中、下三元。以冬至前后的甲子日起到立春第一个六十花甲为上元；以雨水前后的甲子日到清明的第二个六十花甲为中元，从甲子日起七赤入中顺飞，乙丑人八白入中顺飞，丙寅日九紫入中顺飞，九星逐日顺数入中顺飞；以谷雨前后的甲子日到芒种的第三个六十花甲为下元，甲子日起四绿入中顺飞，乙丑日以五黄入中顺飞，丙寅日以六白入中顺飞，九星逐日顺数入中顺飞，直至夏至前后的癸亥止。

夏至为阳之极，阳尽阴生，故从夏至前后的甲子日起，以九紫入中逆布九宫，乙丑日八白入中逆布九宫，丙寅日七赤入中逆布九宫，九星逐日逆行而逆布九宫。从夏至后至冬至前的半年也分上中下三元。以夏至前后之甲子日到立秋的第一个六十花甲为上元，甲子日起九紫逆布九宫；以处暑前后的甲子日起，到寒露的第二个六十花甲为中元，甲子日起三碧，入中逆布九宫，乙丑日一二黑入中逆布九宫，丙寅日以一白入中逆布九宫，九星逐日逆行而逆布九宫；以霜降前后之甲子日到冬至前后的癸亥日为下元，甲子日起六白入中逆飞，乙丑日以五黄入中逆飞，丙寅日以四绿入中逆飞，一日一星，九星逐日逆行而逆布九宫。

台湾钟义明先生认为：日家紫白之法，唯此诀得阴阳顺逆、节节相继之义。目前通书、历书，均以冬至、雨水、谷雨、夏至、处暑、霜降日换起，并逢甲子日重起，以致错乱，此乃不知古人移宫接气之理所致。

时家紫白求法

诀云：

三元时白最为佳，冬至阳生顺莫差。

季日四宫中一白，孟日七赤发萌芽。

每把时辰起甲子，本时星耀照光华。

时星移入中宫去，顺飞八方仔细查。

夏至阴生逆回首，季归六白孟加三，

仲在九宫时起甲，依然掌上逆轮跨。

　　时上紫白求法，冬至后为阳局，分三元，以子午卯酉日为上元，子时起一白，丑时起二黑，寅时三碧，一时一星，直到亥时三碧，九星皆入中顺飞；以辰戌丑未日为中元，子时起四绿，丑时起五黄，寅时起六白，一时一星，直到亥时六白，九星皆入中顺飞；以寅申巳亥日为下元，子时起七赤，丑时起八白，寅时起九紫，一时一星，直到亥时九紫，九星皆入中顺飞。

　　夏至后为阴局，分三元，以子午卯酉日为上元，子时起九紫，丑时起八白，寅时七赤，一时一星，直到亥时七赤，九星皆入中逆飞；以辰戌丑未日为中元，子时起六白，丑时起五黄，寅时起四绿，一时一星，直到亥时四绿，九星皆入中逆飞；以寅申巳亥日为下元，子时起三碧，丑时起二黑，寅时起一白，一时一星，直到亥时一白，九星皆入中逆飞。

时上紫白表

日时	顺局			逆局		
	子午卯酉日	辰戌丑未日	寅申巳亥日	子午卯酉日	辰戌丑未日	寅申巳亥日
子时	一白	四绿	七赤	九紫	六白	三碧
丑时	二黑	五黄	八白	八白	五黄	二黑
寅时	三碧	六白	九紫	七赤	四绿	一白
卯时	四绿	七赤	一白	六白	三碧	九紫
辰时	五黄	八白	二黑	五黄	二黑	八白

	顺局			逆局		
巳时	六白	九紫	三碧	四绿	一白	七赤
午时	七赤	一白	四绿	三碧	九紫	六白
未时	八白	二黑	五黄	二黑	八白	五黄
申时	九紫	三碧	六白	一白	七赤	四绿
酉时	一白	四绿	七赤	九紫	六白	三碧
戌时	二黑	五黄	八白	八白	五黄	二黑
亥时	三碧	六白	九紫	七赤	四绿	一白

在实际应用中，无论是如何选择？我们划分年月都是根据二十四节气而定的，而不是根据六甲干支的排列而定。

时家紫白求法

冬至后用阳局，以冬至当日为上元，子时起一白顺飞，丑时起二黑顺飞，一时一星，九星顺数入中顺飞；以冬至后第二天为中元，子时起四绿顺飞，丑时起五黄顺飞，一时一星，九星顺数入中顺飞；以冬至后第三天为下元，子时起七赤顺飞，丑时起八白顺飞，一时一星，九星顺数入中顺飞。也就是说时家紫白也没有固定哪一天为上元、中元、下元。

若冬至日为子午卯酉日，则以子午卯酉日为上元，辰戌丑未日为中元，寅申巳亥日为下元；

若冬至日为辰戌丑未日，则以辰戌丑未日为上元，寅申巳亥日为中元，子午卯酉日为下元；

若冬至日为寅申巳亥日，则以寅申巳亥为上元，子午卯酉日为中元，辰戌丑未日为下元。

夏至后用阴局，以冬至当日为上元，子时起九紫逆飞，丑时起八白逆飞，一时一星，九星逆数入中逆飞；以夏至后第二天为中元，子时起六白逆飞，丑时起五黄逆飞，一时一星，九星逆数入中顺飞；以夏至后第三天为下元，子时起三碧逆飞，丑时起二黑逆飞，一时一星，九星逆数入中逆飞。

若夏至日为子午卯酉日，则以子午卯酉日为上元，辰戌丑未日为中元，寅申巳亥日为下元；

若夏至日为辰戌丑未日，则以辰戌丑未日为上元，寅申巳亥日为中元，子午卯酉日为下元；

若夏至日为寅申巳亥日，则以寅申巳亥为上元，子午卯酉日为中元，辰戌丑未日为下元。

时家紫白表

	冬至后阳局			夏至后阴局		
	上元	中元	下元	上元	中元	下元
子时	一白	四绿	七赤	九紫	六白	三碧
丑时	二黑	五黄	八白	八白	五黄	二黑
寅时	三碧	六白	九紫	七赤	四绿	一白
卯时	四绿	七赤	一白	六白	三碧	九紫
辰时	五黄	八白	二黑	五黄	二黑	八白
巳时	六白	九紫	三碧	四绿	一白	七赤
午时	七赤	一白	四绿	三碧	九紫	六白
未时	八白	二黑	五黄	二黑	八白	五黄
申时	九紫	三碧	六白	一白	七赤	四绿
酉时	一白	四绿	七赤	九紫	六白	三碧

	冬至后阳局			夏至后阴局		
	上元	中元	下元	上元	中元	下元
戌时	二黑	五黄	八白	八白	五黄	二黑
亥时	三碧	六白	九紫	七赤	四绿	一白

　　紫白选择，以山向飞星盘之星为主，坐山以山星为主，星上以向星为主。年月日时飞星为客。主星喜客星来生扶，忌客星之克泄。主客最喜合生成，一六合水，二七合火，三八合木，四九合金；合十，合三般卦等吉利组合。同时要观察四柱之组合对山家是否有利。

第二十七层　缝针二十四山向

　　所谓缝针，就是相对于指南针的正针来说，位居正针的子午线的左边，在正针壬子和丙午的界缝，缝针的子午正线在正针子癸和午丁的界缝，所以我们在讲中针和缝针时，所看到的都是缝针，为了区别二者的称谓，位置处在罗盘三针之中的起一

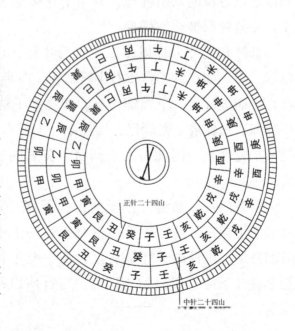

正针二十四山

中针二十四山

名字叫做中针，即赖文俊布衣子所创制的人盘。处于最外面的缝针，仍名为缝针，又因为在外面所以我们叫做天盘。罗盘三大针的正规名称是：

即：

内盘	正针	另名子午针，杨盘	地盘
中盘	中针	另名赖盘。	人盘
外盘	缝针	另名杨盘	天盘

杨筠松初用的罗盘子午方位是依靠指南针所指的正向。在二十四山下面附有七十二龙，也即今天中国罗盘的正针、地盘，由此针格龙，乘气，消砂，纳水，定向都是用这两个圈，唯金星坐度用周天二十八宿分度。

但是到杨公晚年的时候，在地理实践中认识到穴场还有堂气这一关，即风水的周围自然环境与太阳光的重要性配合，这才创制以日景方位的双山缝针，专用于外接堂气的消砂、纳水，因此，正针和缝针都被称为杨盘。

缝针和正针一样以十二支气为主体，正针的八干四维是一干维辅二支，如正针壬宫，右半宫辅亥，左半宫辅子，正中无气为大空亡。而缝针是一干维辅一支，如缝针壬辅子，癸辅丑，艮辅寅，甲辅卯，乙辅辰，巽辅巳，丙辅午，丁辅未，坤辅申，庚辅酉，辛辅戌，乾辅亥。因此，壬子同宫，癸丑同宫，艮寅同宫，甲卯同宫……

所谓同宫，是缝针壬子同正针子宫，癸丑同丑宫，艮寅同寅宫如壬子同宫，缝针的壬初正对正针的壬中，缝针的子终正对正针的癸中。正针的子气是从正针壬中至正针癸中，正对缝针的壬初至缝针子终。所以称为同宫。缝针所以称为双山，也是因此而得名。

所谓三合，是指坎离震兑四方，即水火金木四局的生旺墓，如水局长生在申，帝旺在子，墓库在辰，申子辰三合水局，寅午戌三合火局，巳酉丑三合金局，亥卯未三合木局，这是以地支而言四局三合，在缝针是坤申同宫，壬子同宫，乙辰同宫。

凡属双山，三合五行都是属于缝针，正针没有，中针也没有。

缝针双山的作用是：专用于外接堂气，即是专供堂气消砂纳水的专用针，是消砂纳水，外接堂气的主要手段。一般的人根本就不懂什么是，缝针双山，何谈用法。

第二十八层　缝针二百四十分金

缝针二百四十分数，是根据缝针的二十四山，每山均划为十分，共计二百四十分。和中针正针的二百四十分一样，其读分均以二十四山，每山的正中为十分，左右递减为九分八分七分六分，五分在各山相邻的界缝。综合说来，缝针二百四十分金和上面说的分金一样。

第二十九层　天元连山卦

天元连山卦的配卦是不合规定的，不合规定，对风水来说就是没有用处的。但作为风水罗盘上的重要一层，我们暂作保留，以待以后有什么新的发现。

所谓连山，即是二山相连的意思，因为先天八卦的卦位，艮山在后天八卦乾宫的位置，即西北方，连山卦在六十甲子配的卦位，艮卦也在后天乾宫内的庚戌龙，这样先天艮卦的卦位和连山艮卦是同一个宫位，即西北方，所以称为连山卦。《罗经透解》上说连山六十四卦应该配在透地龙之下，透地龙是格龙用的，因为风水的核心内容就是乘生气。

六十四卦图

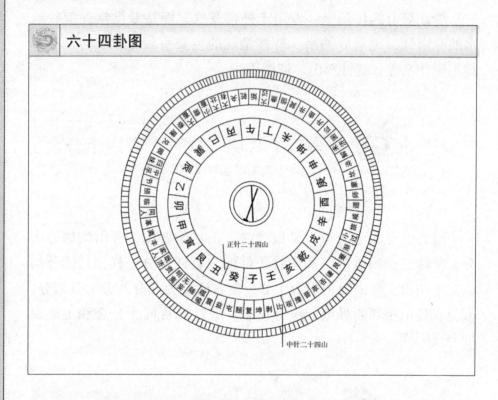

正针二十四山

中针二十四山

天元连山六十四卦，除乾坤坎离四正之卦为天地纲，日月纪，阴阳对待，五行沐浴败地，为坐向所忌。将六十卦分配六十甲子，推步周天三百六十五度，复卦起于虚，剥卦终于危，阳自复始，六变而乾阳备，阴自姤始，六变而坤阴成。盖一阳生于子中，六阳极于午中，故以复卦起于冬至之初，是为天根，五六阳卦相次列于左，而乾尽午中。一阴生于午中，六阴极于子中，故以姤卦起于夏至之初，是为月窟。五六阴卦相次列于右，而坤尽子中，周而复始。

邵子曰："乾遇巽时为月窟,地逢雷处是天根,天根月窟闲来往,三十六宫总是春。"正指复姤二卦而言。三十六宫者,以八卦相加,昼数总得三十有六也。其上卦加临之次,自子中至午中,则以坤八,艮七,坎六,巽五,震四,离三,兑二,乾一为序,即易数往者顺,知来者逆之义。

连山卦的装卦,是依先天八卦次序,即乾一、兑二、离三、震四、巽五、坎六、艮七、坤八。巽坎艮坤四阴卦顺遁,震离兑乾四阳卦逆遁,以九六冲和装卦。

连山卦的应用:

连山卦的应用,《罗经解定》上说:"凡上卦遇艮震巽兑而成卦,遇艮者则阴阳冲和,配以丙丁庚辛,凡上卦遇乾坤坎离者,则阴阳纯一不交配,以甲乙壬癸戊己,是为孤虚。"经查对丁酉、丁卯二龙的上卦是乾坤二卦,属阴阳纯一不交。甲辰甲戌,乙未乙酉,壬申癸巳癸亥七龙分别是艮震巽三卦,属于阴阳冲和,不符合阴阳冲和配以丙丁庚辛,也不符合阴阳纯一配甲乙壬癸戊己。

第三十层　地元归藏卦

在风水中,归藏卦的真正用法早已失传,作为风水罗盘上的一层,暂且保留,以备以后研究。

归藏卦是殷商的易学,其卦象征万物始于春,十二辟卦都配于戊己土,土,即坤,象征万物归藏于土中,所以名为归藏卦。

在六十四卦内,除坎离震兑四正之卦,分配四时,以二十四爻司职二十四节气。

冬至在坎,故坎六爻居冬至以管六气。

春分在震,故震六爻居春分以管六气。

夏至在离，故离六爻居夏至以管六气。

秋分在兑，故兑六爻居秋分以管六气。

每爻管十五日，每卦管九十日，四卦得三百六十日而一周天也。余六十卦分配十二月，二十四节气阴阳消长，生成屈伸，以四时进退为序，故不以卦之奇偶为拘泥，而专取四正八隅之中气，应十二个月之定位，与律吕相协，如黄钟三分损一，下生林钟，林钟三分益一，上生太蔟，故复卦以一阳下生二阴之遯卦，遯卦以一阴上生三阳之泰卦。三阳生四阴，四阴生五阳，五阳生六阴，六阴生一阴，皆自复卦下生而得也。

天元连山卦，地元归藏卦，人元周易卦，三盘卦例合用之法，例如格得辛亥龙入首，扦作壬山丙向，用正针辛亥分金，天元连山得雷地豫，豫卦坤宫所统，与辛亥龙纳音比和，是二天不犯冲克，而豫卦之上爻九六冲和，尤为美也。地元归藏卦穿癸亥，水山蹇卦，八用内三爻丙辰土，丙午火，丙申金；外三爻戊申金，戊戌土，戊子水。其丙午系日卦鬼爻不用（午火为兑宫之官鬼爻故不用也），余皆可备选择，若用得持世爻，尤为有力。又壬宫坎为卦宰，旺在冬至小寒之节，若作于十一月之后，为乘得旺气，十一月令复卦主事，初爻庚子水，持世与日卦丙辰，戊戌爻相克，世爻故不美也。惟世爻戊申与庚子生合，又坎卦四爻值冬至，亦是戊申，比和甚妙，丙申，戊子亦吉，但非持世爻，力量稍轻耳。

归藏卦的装卦是从律吕相生而起，以十二辟卦为节候的次序，依隔八相生例上下损益，除坎离震兑统摄四时，每卦管九十日，每爻管五日，而以六十卦分司十二月。其装卦法参照律吕相生隔八生子，其各卦爻干支依《京房卦》纳干支配于六十龙如次：

甲子山雷颐，　　　　　　庚子庚寅庚辰，丙戌丙子丙寅

丙子风泽中孚，　　　　　丁巳丁卯丁丑，辛未辛巳辛卯

戊子地雷复，　　　　　　庚子庚寅庚辰，癸丑癸亥癸酉

庚子水雷屯，　　　　　　庚子庚寅庚辰，戊申戊戌戊子

壬子地山谦，　　　　　丙辰丙午丙申，癸丑癸亥癸酉

乙丑火泽睽，　　　　　丁巳丁卯丁丑，己酉己未己巳

丁丑地风升，　　　　　辛丑辛亥辛酉，癸丑癸亥癸酉

己丑地泽临，　　　　　丁巳丁卯丁丑，癸丑癸亥癸酉

辛丑雷山小过，　　　　丙辰丙午丙申，庚午庚申庚戌

癸丑山水蒙，　　　　　戊寅戊辰戊午，丙戌丙子丙寅

甲寅风雷益，　　　　　庚子庚寅庚辰，戊申戊戌戊子

丙寅风山渐，　　　　　丙辰丙午丙申，辛未辛巳辛卯

戊寅地天泰，　　　　　甲子甲寅甲辰，癸丑癸亥癸酉

庚寅水天需，　　　　　甲子甲寅甲辰，戊申戊戌戊子

壬寅泽雷随，　　　　　庚子庚寅庚辰，丁亥丁酉丁未

乙卯火地晋，　　　　　乙未乙巳乙卯，己酉己未己巳

丁卯雷水解，　　　　　戊寅戊辰戊午，庚午庚申庚戌

己卯雷天大壮，　　　　甲子甲寅甲辰，庚午庚申庚戌

辛卯雷地豫，　　　　　乙未乙巳乙卯，庚午庚申庚戌

癸卯天水讼，　　　　　戊寅戊辰戊午，壬午壬申壬戌

甲辰山风蛊，　　　　　辛丑辛亥辛酉，丙戌丙子丙寅

丙辰泽火革，　　　　　己卯己丑己亥，丁亥丁酉丁未

戊辰泽天夬，　　　　　甲子甲寅甲辰，丁亥丁酉丁未

庚辰火山旅，　　　　　丙辰丙午丙申，己酉己未己巳

壬辰地水师，　　　　　戊寅戊辰戊午，癸丑癸亥癸酉

乙巳水地比，　　　　　乙未乙巳乙卯，戊申戊戌戊子

丁巳风天小畜，　　　　甲子甲寅卯辰，辛未辛己辛卯

己巳天天乾，　　　　　甲子甲寅甲辰，壬午壬申壬戌

辛巳火天大有，　　　　甲子甲寅甲辰，己酉己未己巳

癸巳风火家人，　　　　己卯己丑己亥，辛未辛巳辛卯

甲午水风井，　　　　　辛丑辛亥辛酉，戊申戊戌戊子

丙午泽山咸，　　　　　丙辰丙午丙申，丁亥丁酉丁未

戊午天风姤,	辛丑辛亥辛酉,	壬午壬申壬戌
庚午火风鼎,	辛丑辛亥辛酉,	己酉己未己巳
壬午雷火丰,	己卯己丑己亥,	庚午庚申庚戌
乙未风水涣,	戊寅戊辰戊午,	辛未辛巳辛卯
丁未天泽履,	丁巳丁卯丁丑,	壬午壬申壬戌
己未天山遁,	丙辰丙午丙申,	壬午壬申壬戌
辛未雷风恒,	辛丑辛亥辛酉,	庚午庚申庚戌
癸未水泽节,	丁巳丁卯丁丑,	戊申戊戌戊子
甲申天火同人,	己卯己丑己亥,	壬午壬申壬戌
丙申山泽损,	丁巳丁卯丁丑,	丙戌丙子丙寅
戊申天地否,	乙未乙巳乙卯,	壬午壬申壬戌
庚申风风巽,	辛丑辛亥辛酉,	辛未辛巳辛卯
壬申泽地萃,	乙未乙巳乙卯,	丁亥丁酉丁未
乙酉山天大畜,	甲子甲寅甲辰,	丙戌丙子丙寅
丁酉山火贲,	己卯己丑己亥,	丙戌丙子丙寅
己酉风地观,	乙未乙巳乙卯,	辛未辛巳辛卯
辛酉雷泽归妹,	丁巳丁卯丁丑,	庚午庚申庚戌
癸酉天雷无唐朝,	庚子庚寅庚辰,	壬午壬申壬戌
甲戌地火明夷,	己卯己丑己亥,	癸丑癸亥癸酉
丙戌泽水困,	戊寅戊辰戊午,	丁亥丁酉丁未
戊戌山地剥,	乙未乙巳乙卯,	丙戌丙子丙寅
庚戌山山艮,	丙辰丙午丙申,	丙戌丙子丙寅
壬戌水火既济,	乙卯己丑己亥,	戊申戊戌戊子
乙亥火雷噬嗑,	庚子庚寅庚辰,	己酉己未己巳
丁亥泽风大过,	辛丑辛亥辛酉,	丁亥丁酉丁未
己亥地地坤,	乙未乙巳乙卯,	癸丑癸亥癸酉
辛亥火水未济,	戊寅戊辰戊午,	己酉己未己巳
癸亥水山蹇,	丙辰丙午丙申,	戊申戊戌戊子

第三十一层 人元周易卦

关于连山、归藏、周易三卦，宋书升《周易要义》说："三易之书，夏之连山，殷之归藏，久无可考。但见诸《周礼》者夏殷之易，其经皆八，其别卦皆六十有四，与周易同而已。

关于《三易》、《连山》和《归藏》有说早已失传。《连山》卦之所以称为连山，是二山（艮）相连的意思。因为先天八卦艮卦的卦位在后天八卦的乾宫，位于西北方。《连山》卦的序卦，是依先天八卦次序，阴卦顺序，阳卦逆序。《归藏》卦的序卦，是依后天卦序，从子至午以坤为首序以坤宫六卦，序以雷风火地泽天水山。先天乾坤坎离，后天坎离震兑均不入卦。

周易卦的装卦，以后天八卦的卦位为内卦，并以后天卦位次序为序，即以坎艮震巽离坤兑乾为序。他的外卦依照震巽离坤兑乾坎艮的秩序为外加卦，而乾坤坎离四卦不作加卦，装卦于次：

坎宫

坎加震为雷水解卦，坎加巽为风水涣卦，

坎加离为火水未济，坎加坤为地水师卦，

坎加兑为泽水困卦，坎加乾为天水讼卦，

坎加艮为山水蒙卦，坎不入加卦。

艮宫

艮加震为雷山小过，艮加巽为风山渐卦，

艮加离为火山旅卦，艮加坤为地山谦卦，

艮加兑为泽山咸卦，艮加乾为天山遁卦，

艮加坎为水山蹇卦，艮加艮为山山艮卦。

精解罗经三十六层

震宫

震加震为雷雷震卦，震加巽为风雷益卦，

震加离为火雷噬嗑，震加坤为地雷复卦，

震加兑为泽雷随卦，震加乾为天雷无妄，

震加坎为水雷屯卦，震加艮为山雷颐卦。

巽宫

巽加震为雷风恒卦，巽加巽为风风巽卦，

巽加离为火风鼎卦，巽加坤为地风升卦，

巽加兑为泽风大过，巽加乾为天风姤卦，

巽加坎为水风井卦，巽加艮为山风蛊卦。

离宫

离加震为雷火丰卦，离加巽为风火家人，

离加坤为地火明夷，离加兑为泽火革卦，

离加乾为天火同人，离加坎为水火既济，

离加艮为山火贲卦，离不入加卦。

坤宫

坤加震为雷地豫卦，坤加巽为风地观卦，

坤加离为火地晋卦，坤加兑为泽地萃卦，

坤加乾为天地否卦，坤加坎为水地比卦，

坤加艮为山地剥卦，坤不入加卦。

兑宫

兑加震为雷泽归妹，兑加巽为风泽中孚，

兑加离为火泽睽卦，兑加坤为地泽临卦，

兑加兑为泽泽兑卦，兑加乾为天泽履卦，

兑加坎为水泽节卦，兑加艮为山泽损卦。

乾宫

乾加震为雷天大壮，乾加巽为风天小畜，

乾加离为火天大有，乾加坤为地天泰卦，

乾加兑为泽天夬卦，乾加坎为水天需卦。

乾加艮为山天大畜。乾不入加卦。

周易卦是配平分龙的，不是配穿山龙的，因为周易卦的装卦是依照顺序装与穿山虎的排龙不相同。

后天六十卦配甲子图

周易卦分配平分六十龙及其卦爻

甲子雷水解，	戊寅戊辰戊午，庚午庚申庚戌
丙子风水涣，	戊寅戊辰戊午，辛未辛巳辛卯
戊子火水未济，	戊寅戊辰戊午，己酉己未己巳
庚子地水师，	戊寅戊辰戊午，癸丑癸亥癸酉
壬子泽水困，	戊寅戊辰戊午，丁亥丁酉丁未
乙丑天水讼，	戊寅戊辰戊午，壬午壬申壬戌
丁丑山水蒙，	戊寅戊辰戊午，丙戌丙子丙寅
己丑雷山小过，	丙辰丙午丙申，庚午庚申庚戌
辛丑风山渐，	丙辰丙午丙申，辛未辛巳辛卯
癸丑火山旅，	丙辰丙午丙申，己酉己未己巳

甲寅地山谦，　　　丙辰丙午丙申，癸丑癸亥癸酉

丙寅泽山咸，　　　丙辰丙午丙申，丁亥丁酉丁未

戊寅天山遁，　　　丙辰丙午丙申，壬午壬申壬戌

庚寅水山蹇，　　　丙辰丙午丙申，戊申戊戌戊子

壬寅山山艮，　　　丙辰丙午丙申，丙戌丙子丙寅

乙卯雷雷震，　　　庚子庚寅庚辰，庚午庚申庚戌

丁卯风雷益，　　　庚子庚寅庚辰，辛未辛巳辛卯

己卯火雷噬嗑，　　庚子庚寅庚辰，己酉己未己巳

辛卯地雷复，　　　庚子庚寅庚辰，癸丑癸亥癸酉

癸卯泽雷随，　　　庚子庚寅庚辰，丁亥丁酉丁未

甲辰天雷无妄，　　庚子庚寅庚辰，壬午壬申壬戌

丙辰水雷屯，　　　庚子庚寅庚辰，戊申戊戌戊子

戊辰山雷颐，　　　庚子庚寅庚辰，丙戌丙子丙寅

庚辰雷风恒，　　　辛丑辛亥辛酉，庚午庚申庚戌

壬辰风风巽，　　　辛丑辛亥辛酉，辛未辛巳辛卯

乙巳火风鼎，　　　辛丑辛亥辛酉，己酉己未己巳

丁巳地风升，　　　辛丑辛亥辛酉，癸丑癸亥癸酉

己巳泽风大过，　　辛丑辛亥辛酉，丁亥丁酉丁未

辛巳天风姤，　　　辛丑辛亥辛酉，壬午壬申壬戌

癸巳水风井，　　　辛丑辛亥辛酉，戊申戊戌戊子

甲午山风蛊，　　　辛丑辛亥辛酉，丙戌丙子丙寅

丙午雷火丰，　　　己卯己丑己亥，庚午庚申庚戌

戊午风火家人，　　己卯己丑己亥，辛未辛巳辛卯

庚午地火明夷，　　己卯己丑己亥，癸丑癸亥癸酉

壬午泽火革，　　　己卯己丑己亥，丁亥丁酉丁未

乙未天火同人，　　己卯己丑己亥，壬午壬申壬戌

丁未水火既济，　　己卯己丑己亥，戊申戊戌戊子

己未山火贲，　　　己卯己丑己亥，丙戌丙子丙寅

辛未雷地豫，　　　乙未乙巳乙卯，庚午庚申庚戌

癸未风地观，　　　乙未乙巳乙卯，辛未辛巳辛卯

甲申火地晋，　　　乙未乙巳乙卯，己酉己未己巳

丙申泽地萃，　　　乙未乙巳乙卯，丁亥丁酉丁未

戊申天地否，　　　乙未乙巳乙卯，壬午壬申壬戌

庚申水地比，　　　乙未乙巳乙卯，戊申戊戌戊子

壬申山地剥，　　　乙未乙巳乙卯，丙戌丙子丙寅

乙酉雷泽归妹，　　丁巳丁卯丁丑，庚子庚寅庚辰

丁酉风泽中孚，　　丁巳丁卯丁丑，辛未辛巳辛卯

己酉火泽暌，　　　丁巳丁卯丁丑，己酉己未己巳

辛酉地泽临，　　　丁巳丁卯丁丑，癸丑癸亥癸酉

癸酉泽泽兑，　　　丁巳丁卯丁丑，丁亥丁酉丁未

甲戌天泽履，　　　丁巳丁卯丁丑，壬午壬申壬戌

丙戌水泽节，　　　丁巳丁卯丁丑，戊申戊戌戊子

戊戌山泽损，　　　丁巳丁卯丁丑，丙戌丙子丙寅

庚戌雷天大壮，　　甲子甲寅甲辰，庚子庚寅庚辰

壬戌风天小畜，　　甲子甲寅甲辰，辛未辛巳辛卯

乙亥火天大有，　　甲子甲寅甲辰，己酉己未己巳

丁亥地天泰，　　　甲子甲寅甲辰，癸丑癸亥癸酉

己亥泽天夬，　　　甲子甲寅甲辰，丁亥丁酉丁未

辛亥水天需，　　　甲子甲寅甲辰，戊申戊戌戊子

癸亥山天大畜，　　甲子甲寅甲辰，丙戌丙子丙寅

周易卦论吉凶，以爻克本山为曜，本山克爻为煞，本山的墓爻为黄泉。根据徐世颜的作法列八卦黄泉曜煞方位于下：

乾山属金，内爻甲子，甲寅煞，甲辰

　　　　外爻壬午曜，壬申，壬戌

坎山属水，内爻戊寅，戊辰曜墓，戊午煞

　　　　外爻戊申，戊戌曜，戊子

艮山属土，内爻丙辰墓，丙午，丙申

外爻丙戌，丙子煞，丙寅曜

震山属木，内爻庚子，庚寅，庚辰煞

外爻庚午，庚申曜，庚戌煞

巽山属木，内爻辛丑煞，辛亥，辛酉曜

外爻辛未煞墓，辛巳，辛卯

离山属火，内爻己卯，己丑，己亥曜

外爻己酉煞，己未，己巳

坤山属土，内爻乙未，乙巳，乙卯曜

外爻癸丑，癸亥煞，癸酉

兑山属金，内爻丁巳曜，丁卯煞，丁丑墓

外爻丁亥，丁酉，丁未

第三十二层   三元九运

"三元"一词，道教有三元，正月十五日为上元，七月十五日为中元，十月十五日为下元。"道士也有三元斋，正月十五为上元天官斋，七月十五为中元地官斋，十月十五为下元水官斋。"

术数家的三元，以三个六十甲子为三元，第一个六十子为上元，第二个六十甲子为中元，第三个六十甲子为下元。第四个六十甲子又为上元，周而复始，以一百八十甲子为三元。

明末蒋大鸿字平阶，号宗阳子，云阳子，杜陵狂客。创"三元九运大玄空"地理术。论三元九运时，是把上中下的三元甲子，分为九个运程，上元甲子为一二三运，中元甲子为四五六运，下元甲子为七八九运，每个运管二十年，三元九运共为一百八十年。九运起止：

上元一运，自甲子年至癸未

　　二运，自甲申年至癸卯

　　三运，自甲辰年至癸亥

中元四运，自甲子年至癸未

　　五运，自甲申年至癸卯

　　六运，自甲辰年至癸亥

下元七运，自甲子年至癸未

　　八运，自甲申年至癸卯

　　九运，自甲辰年至癸亥

简化为，一四七运，自甲子至癸未，

　　　　二五八运，自甲申至癸卯，

　　　　三六九运，自甲辰至癸亥。

三元创立时期是土圭时期，故其甲子应起于天盘壬中。

第三十三层　三元六十四卦

　　三元六十四卦蒋盘分为内盘卦和外盘卦，都以地盘方位为主，即是指南针所指的磁针方位。也是三元盘中最重要的一层。

　　其装卦的方法，纯取先天卦位，即以乾一、兑二、离三、震四、巽五、坎六、艮七、坤八为序，按阳顺阴逆，彼此互对，即父与母对，为天地定位。长男与长女对，为雷风相薄。中男与中女对，为水火不相射。少男与少女对，为山泽通气。

　　其内盘装卦，以本宫卦为上卦（外卦），正卦（内卦）为配卦。自子中至午中为顺排。即乾一，兑二，离三，震四，巽五，坎六，艮七，坤八。自午中至子中为逆排，即坤八，艮七，坎六，巽五，震四，离三，兑二，乾一。

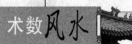

一、内盘卦的装卦

自子中至午中，从右至左，上卦本宫，下卦顺排。

宫　坎

上 上 上 上 上 上 上 上
坎 坎 坎 坎 坎 坎 坎 坎
下 下 下 下 下 下 下 下
坤 艮 坎 巽 震 离 兑 乾
水 水 水 水 水 水 水 水
地 山 水 风 雷 火 泽 天
比 蹇 坎 井 屯 既 节 需
　　　　　　 济

宫　巽

上 上 上 上 上 上 上 上
巽 巽 巽 巽 巽 巽 巽 巽
下 下 下 下 下 下 下 下
坤 艮 坎 巽 震 离 兑 乾
风 风 风 风 风 风 风 风
地 山 水 风 雷 火 泽 天
观 渐 涣 巽 益 家 中 小
　　　　　　 人 孚 畜

宫　坤

上 上 上 上 上 上 上 上
坤 坤 坤 坤 坤 坤 坤 坤
下 下 下 下 下 下 下 下
坤 艮 坎 巽 震 离 兑 乾
地 地 地 地 地 地 地 地
地 山 水 风 雷 火 泽 天
坤 谦 师 升 复 明 临 泰
　　　　　　　　夷

宫　艮

上 上 上 上 上 上 上 上
艮 艮 艮 艮 艮 艮 艮 艮
下 下 下 下 下 下 下 下
坤 艮 坎 巽 震 离 兑 乾
山 山 山 山 山 山 山 山
地 山 水 风 雷 火 泽 天
剥 艮 蒙 蛊 颐 贲 损 大
　　　　　　　　畜

自午中至子中，从左到右，上卦本宫，下卦逆排

宫离　　　　　　　宫震

上上上上上上上上　　上上上上上上上上
离离离离离离离离　　震震震震震震震震
下下下下下下下下　　下下下下下下下下
乾兑离震巽坎艮坤　　乾兑离震巽坎艮坤
火火火火火火火火　　雷雷雷雷雷雷雷雷
天泽火雷风水山地　　天泽火雷风水山地
大暌离噬鼎未旅晋　　大归丰震恒解小豫
有　嗑济　　壮妹　　　过

宫乾　　　　　　　宫兑

上上上上上上上上　　上上上上上上上上
乾乾乾乾乾乾乾乾　　兑兑兑兑兑兑兑兑
下下下下下下下下　　下下下下下下下下
乾兑离震巽坎艮坤　　乾兑离震巽坎艮坤
天天天天天天天天　　泽泽泽泽泽泽泽泽
天泽火雷风水山地　　天泽火雷风水山地
乾履同无姤讼遁否　　夬兑革随大困咸萃
　人妄　　　　　　　　过

二、外盘卦的装卦

外盘卦装卦，完全取相对的卦，即内盘顺，则外盘逆。内盘逆，则外盘顺。内盘本宫卦上，则外盘本宫卦下。乾与坤对，震与

巽对，坎与离对，艮与兑对，如内盘乾，则外盘坤。内盘坤，则外盘乾。以此类推。

从子宫至午中，从右到左，下卦本宫，上卦逆排。

宫　离　　　　　宫　震

上上上上上上上上　　上上上上上上上上
乾兑离震巽坎艮坤　　乾兑离震巽坎艮坤
下下下下下下下下　　下下下下下下下下
离离离离离离离离　　震震震震震震震震
天泽火雷风水山地　　天泽火雷风水山地
火火火火火火火火　　雷雷雷雷雷雷雷雷
同革离丰家既贲明　　无随噬震益屯颐复
人　　　人济　夷　　妄　嗑

宫　乾　　　　　宫　兑

上上上上上上上上　　上上上上上上上上
乾兑离震巽坎艮坤　　乾兑离震巽坎艮坤
下下下下下下下下　　下下下下下下下下
乾乾乾乾乾乾乾乾　　兑兑兑兑兑兑兑兑
天泽火雷风水山地　　天泽火雷风水山地
天天天天天天天天　　泽泽泽泽泽泽泽泽
乾夬大大小需大泰　　履兑暌归中节损临
　　有壮畜　畜　　　　　　妹孚

138

从午中至子中，从左到右，下卦本宫，上卦顺排

宫　离

上	上	上	上	上	上	上	上
坤	艮	坎	巽	震	离	兑	乾
下	下	下	下	下	下	下	下
坎	坎	坎	坎	坎	坎	坎	坎
地	山	水	风	雷	火	泽	天
水	水	水	水	水	水	水	水
师	蒙	坎	涣	解	未济	困	讼

宫　震

上	上	上	上	上	上	上	上
坤	艮	坎	巽	震	离	兑	乾
下	下	下	下	下	下	下	下
巽	巽	巽	巽	巽	巽	巽	巽
地	山	水	风	雷	火	泽	天
风	风	风	风	风	风	风	风
升	蛊	井	巽	恒	鼎	大过	姤

宫　乾

上	上	上	上	上	上	上	上
坤	艮	坎	巽	震	离	兑	乾
下	下	下	下	下	下	下	下
坤	坤	坤	坤	坤	坤	坤	坤
地	山	水	风	雷	火	泽	天
地	地	地	地	地	地	地	地
坤	剥	比	观	豫	晋	萃	否

宫　兑

上	上	上	上	上	上	上	上
坤	艮	坎	巽	震	离	兑	乾
下	下	下	下	下	下	下	下
艮	艮	艮	艮	艮	艮	艮	艮
地	山	水	风	雷	火	泽	天
山	山	山	山	山	山	山	山
谦	艮	蹇	渐	小过	旅	咸	遁

三元六十四卦配二十四山向，是不可以配合的，因为每一山向分配2.666……卦，是无穷数，按序错开，每一山向分配的卦的成份不相同，所定吉凶，就产生轻重不平均。特别是定替卦，其云"兼一二分，可不用替，兼三四分，用替卦。"一般是做不到的，

因为无论是杨盘或蒋盘都没有一分二分，或三分四分的标记。蒋盘也必须除掉二十四山向，后属用六十四卦，可分配为八卦的八宫，才合逻辑。

第三十四、五层　二十八宿及界限

二十八宿是我国古人对星空的划分符号，将星空划分为三垣，四象和二十八宿。三垣是北天极周围的三个区域，即紫微垣、太微垣和天市垣。四象是分布于黄道和白道近旁，环天一周。每象各分为七段，称为"宿"，四象共二十八宿。即

东方苍龙之象，含角、亢、氐、房、心、尾、箕七宿。

北方玄武之象，含斗、牛、女、虚、危、室、壁七宿。

西方白虎之象，含奎、娄、胃、昴、毕、咀、参七宿。

南方朱雀之象，含井、鬼、柳、星、张、翌、轸七宿。

当二十八宿定下来以后，我们把二十八宿每一宿按主观定下了五行，分别又以禽定了名，即，角木蛟、亢金龙，氐土骆、房日兔、心月狐、尾火虎、箕水豹、斗木獬、牛金牛、女土蝠、虚日鼠、危月燕、室火猪、壁水狳、奎木狼、娄金狗、胃土雉、昴日鸡、毕月乌、咀火猴、参水猿、井木犴、鬼金羊、柳土獐、星日马、张月鹿、翌火蛇、轸水蚓。

二十八宿界限，应该有两个概念，即二十八宿的每宿之间的界限及二十八宿在正针十二支宫的界限。弄清二十八宿的度数，是千百年来没有解决的问题。

根据上面介绍，正针十二支宫所管二十八宿的度数是：

子宫，《解定》三十一度五分七十六秒。

《透解》二十九度。

丑宫，《解定》二十九度二十分三十秒。

　　　　《透解》二十七度。

寅宫，《解定》二十八度七十分七十九秒。

　　　　《透解》二十九度。

卯宫，《解定》三十度六十分二十秒。

　　　　《透解》三十二度。

辰宫，《解定》三十三度二十四分二秒。

　　　　《透解》三十三度。

巳宫，《解定》二十四二十八分九十秒。

　　　　《透解》三十三度。

午宫，《解定》三十度七十分六十九秒。

　　　　《透解》二十八度。

未宫，《解定》二十九度三十六分十八秒。

　　　　《透解》二十七度。

申宫，《解定》二十九度二十九分十九秒。

　　　　《透解》三十度。

酉宫，《解定》三十度一分七十二秒。

　　　　《透解》三十二度。

戌宫，《解定》三十二度二十四分十七秒。

　　　　《透解》三十二度。

亥宫，《解定》三十二度五十九分七十七秒。

　　　　《透解》三十二度。

共计：《解定》三百六十三度三十一分六十九秒。

　　　　《透解》三百六十四度。

《天机素书》

角宿，十二度八十七分。亢宿，九度五十六分。

141

氐宿，十六度四十分。房宿，五度四十八分。

心宿六度二十七分。尾宿，十七度九十五分。

箕宿，九度五十九分。斗宿，二十三度四十七分。

牛宿六度九十分。女宿，十一度。

虚宿，九度。危宿，十五度九十五分。

室宿，十八度三十二分。壁宿，九度三十四分。

奎宿，十七度八十七分。娄宿，十二度三十五分。

胃宿，十五度八十一分。昴宿，十一度三十分。

毕宿，十七度。嘴宿，四十七分。

参宿，十一度。井宿，三十三度三十分。

鬼宿，二度二十分。柳宿，十三度三十分。

星宿，六度三十分。张宿，十七度五十三分。

翼宿，十八度七十五分。轸宿，十七度四十分。

共计三百六十二度二十一分。

笔者从以上述数据看来，二十八宿的度数，自古就是没有办法来核对一致，更不能证明它的准确性，所以在现代来说，一般不用二十八宿，应予删除了。

第三十六层　周天三百六十度

二十四山是立定坐向的基本，在研习风水上最常见，也最常用。

罗盘一般只列出圆周三百六十度的资料，并未列出二十四山。但是对于罗盘研究的人一定要熟谙二十四山与三百六十度的关系不可，而以下便是二十四山与三百六十周天的换算数据，我们是这样来换算的：

首先把圆周分为八个方位，即二十四山分八卦，用三百六十度除以八，于是，每个方位便各占四十五度，再把这八个方位之中的每一个方位再分为三份，结果便是合共得出二十四等份，而这二十四个方位，便是所说的二十四山了。

这样把三百六十度除以二十四，每个方位便得出十五度，那即是说，二十四山的各山便占十五度了。我们把对住正南北的子午线为 0 度和 180 度，这样就把周天三百六十度按二十四山的方位一一化分出来了。周天三百六十度是圆周的几何度，是固定的，永恒不变的分度，它的方位是磁针方位，适应于地球磁场，因而在地球表面任何地点其分度都是不变的。对风水术的分金坐度是准确的，应予采用。

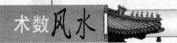

第三章　罗盘心经

于陵　袁俊德（睦堂）　著

袁琛业（献廷）　参编

序

　　圣学论理不论数，而数从理出，数学即其理学，理学莫深于《易》，数学亦莫精于《易》，特知之者鲜耳。

　　近世地理书不下数十家，往往论数而不论理，学习其业者非觊情于富贵即侈谈科名，梦中说梦，几至梦无已时，无怪日持罗盘叩以三层格式，而茫然无以应也。于陵睦堂袁君，以早年废读潜迹吾清市肆中，偶有余闲则细参罗盘，究心爻变，午夜青灯，孜孜者几十年始得。博极群书，订其讹，辟其谬，自出机杼成一家言，名曰《罗盘心法》。盖罗盘之法既明，而地理之学顿明矣！余受而读之，见其以河洛理数为渊源，以《周易》为经纬，以教孝为归宿，阴阳之配合，卦爻之变通，神明变化，深得此中三昧。此真所谓数从理出，数学即其理学者，以视世之觊情富贵，侈谈科名，相去奚啻万万哉。余素不解堪舆而不能不心折。于是，编者即其持论之正，知其立品之高，其有裨于世道人心所系，非浅鲜也！爰志数言，以并其首。

　　时

　　咸丰五年岁次乙卯夏至后二日朱虚星桥弟刘清源沐手拜序

叙

余自弱冠时，应青郡试，即识于陵睦堂袁君，虽潜迹市肆之中，固蔼然诚笃君子也。而未知其学术，岁乙卯出一卷见示，名曰：《罗盘心法》，爱而读之，其大旨特发明罗盘，而理数根诸《周易》，归宿在于教孝，伟矣哉！

余素不怎解堪舆，顾尝谈诗矣。日揆之以日景山与口，日相其阴阳，观其流泉，又尝谈周官矣，家人掌墓地辨其兆域而为之图。大司徒建邑以土圭之法正日景，以求地中。夫既以土圭求地，中则建都用之，建宅亦必用之，阳宅用之，阴宅尝亦用之矣。后世罗盘实权舆乎此，此为地理之本，一是俱是，一非俱非，有新得者乃自格式。既有三层议论，难归一致，以致纷如聚讼，岐之又岐。今《心法》一编乃讲明三盘合一之理，盖睦堂君谒尽二十余年之精力，参互考订，以知其说。

古人云："用志不纷，乃口于神"，斯之谓乎。余虽不谙此而观其理为不易之理，其心为醒世之心，且参合爻变以理言数迥异，近世形家而有合于诗礼之旨，是诚可以破千载之惑矣。爱不辞固陋而缀数语于简端。

时

咸丰乙卯季秋闰邱愚弟夏与贤沐手拜叙

自　序

　　余年十四，家贫废读，羁身青郡，日惟持筹握算。不遑展卷而于古人三余之意，窃有慕焉，每肆务完毕，剪烛伏案，辄以三更为期，如是者二十几年，但质鲁学浅不能识圣经贤传之旨，而于数术之学，阴阳五行，生克制化之理，颇有会心。每阅地理书，余有深信不疑者，亦有未敢深信者，后见托上人《入地眼》一书，理本乎易，分别净阴净阳，悉准八卦爻变，余素不知《易》，视爻变如阔海。然志不畏难，潜心默会，几于废寝忘食，始悟地理之道，非精通纳甲三合之法，神明于爻变者，不明格龙立向纳水之理也。则八卦爻变实为讲地理之本矣，顾爻变为地理之本，而所借以定卦者必购罗盘。罗盘格式三层昭如日星，而历代诸家取用不一，（有中盘立向，外盘向之说）遂滋后人疑惑。且如近年诸书又多，不讲纳甲三合，仅以长生水法立向纳水，尤觉于地理不合此。余所欲参其是，校其非，就有道而正焉者也。奈地理诸书伪造迭出，率皆附和，随声信其说者，固已受其迷惑而罔觉，即疑其理者亦欲返其迷途，而莫由及。

　　余以罗盘三层之论，八卦爻变之说，与地师相质，咸谓言简而意赅，理确而易明，当流传以公同好。愚自揣固陋，兼文字未谙管窥蠡测，不无冒昧，而诸君子再三怂恿，恐违众意，爰委弟（琛业）代为笔述，谨录所焉罗盘三层说，与八卦变爻捷法，并附长生水法之非，纳甲三合之妙，藉以质诸高明云尔。

罗盘论

罗盘之用处，凡一切修方、立向、格龙、纳水，莫不以之为准绳，而其格式有三层者，何也？罗盘外两层，实为内一层之界限，三盘仍一盘也。

考自秦汉间人，以周公造指南车不便于用，更制为盘，始用针法。其时只有正针。正针者，内盘正子午针也。至南唐杨筠松，于正针下设一百二十分金，推广取用，更立针于外盘子癸、午丁之缝中，名其二十四山为缝针。缝针者，正针子位所占之东边界，午位所占之西边界也。至宋人赖太素，又立一针而设分金，其针在正针壬子、丙午之间，是为中针。中针者，正针子位所占之西边界，午位所占东边边界也。（宋何潜齐又作缝针一百二十分金，此三盘三百六十分金之说也）合而参之，盘虽有三，其实一理也。即二公设针，名虽各异，其心同也。

二公生不同时，未得明言其意，后之人因其立名不一，取用有别，（如杨有取丙丁庚辛之旺相，避戊己之龟甲；赖有取以明盈缩龙之说）往往习而不察，每于三盘见异，不能于三盘见同。无怪用罗盘者，各自立说取用，俾学者无所适从。即如《入地眼》一书，主本乎《易》，主以纳甲三合例立向纳水，深得地理奥妙。独于罗盘取内盘立向，中盘消砂，外盘纳水，仍为三盘之纳音分金所混，而以三盘分用。夫内盘立向，不易之理也；至若中盘消砂，而中盘子位已在地盘壬子之间，而不纯为砂。外盘纳水，而外盘子位，已在内盘子癸之间，而不纯为水，经不可不察者。要之中盘消砂，必在中盘子位之东者方可，消若西则成壬砂矣。外盘纳水，必在外盘子位之西者方可纳，若东则成癸水矣。

或曰：子何以知三盘之为一盘也？

余曰：傍内盘为子午正位，人而知之，何以二层子字，在内层子位之西傍，比内层子位格出一字？二层午字，在内层午位之东傍，比内层午位格出一字？外层子字，又转在内层子位之东傍，比内层子位格出一字？外层午字，又转在内层午位之西傍，比内层午位格出一字也？因为罗盘内一层，取二十四方之正位，仅用一线之细，由内向外而渐远，地势渐远而渐宽，每方所占地面，岂仅一线之宽哉！

不有外两层左右较量，何以知二十四方位每位之界限？此非显然易见之理乎！罗盘之体，不过八寸，计周围二尺四寸，按二十四方较量，每方界限只一寸。假如子山午向地，自罗盘前后，向外各量出六十尺，计周围即三百六十尺，再按二十四方周围计算，每方即十五尺，是知罗盘外两层，实为内一层之界限也，故曰：三盘仍一盘也。

罗盘总局说

余观罗盘总局，内层靠针者，为先天八卦。先天卦外之贪、巨、禄、文、廉、武、破，是为北斗七星，故天垒、天道诸天星继之。又一层为乾巽坤艮、八干、十二支、二十四山，故二十四气继之。至中盘二十四山，皆在内盘二十四山之右，外盘二十四山，皆在内盘二十四之左。外盘之外，又著二十八宿之度数。此数层者，余所了然于心者也，或曰：如何？余曰：地理不外八卦，以先天八卦定体，以后天八卦为用，复以九星以八卦之用，以八卦纳天干，则有纳甲法；以八卦的纳地支，则有三合例。统天干、地支、九宫，而悉以八卦运之，堪舆之能事毕矣，罗盘之大意明矣。

至于外盘之三七、五五，乃赖公三七兼加之说，为双山兼向之用。若知以纳甲三合纳水，即双山兼向，亦有无需三七兼加者，况山合之必不可兼者，又断乎不用者也。更有三盘中的纳音分金，何为本位之纳音？而不尽分金于本位之下也，不分金于本位之下，犹为本位之纳音分金乎？如内盘子位纳音甲丙戊庚壬，何以分丙子、戊子、庚子在子位属子？而分甲子出界而属壬，分壬子出界而属癸乎！中盘子位纳音甲丙戊庚壬，何仅分庚子、壬子属正针子界之内，分戊子居中针正中，犹为半子半壬，而甲子、丙子竟属壬位乎！

或曰：中针分金，亦同于正针分金也。正针分金，从正针子位分中，故甲子在壬，壬子在癸。中针分金，亦从中针分中，中针子位本在正针子位之西偏，故甲子、丙子挨属于壬之正位耳。余曰：信如子言，则三针之分金，当皆从中分矣，而乃外盘子位之纳音甲丙戊庚壬，惟壬子在正针之子位，庚子犹半子半壬，丙子、戊子正居壬位，至甲子则更交亥界，而本位之下，却纳乙丑、丁丑。何外盘之分金？又不从本位之中而分乎！

按：古人分金之意，虽每盘中设有一百二十，未必不为二十四山之正针而设，而立中外两针界之，用以分坐度，而行消纳也。而如盘中所载，内盘分甲子在壬，壬子在癸，中盘分甲子、丙子皆在壬，至外盘又分甲子占亥界，子中却纳乙丑，即一子字之分金，而牵联亥壬癸丑四山，是五山而非一山矣。纵曰一卦三山，初未有一卦五山者也，此必罗盘失真，后世伪造，而假古人之名，以诬后人也，夫何足以取信哉！

罗盘格龙说

罗盘所载贪、巨、禄、文、廉、武、破，乃一坤卦变龙之式也。（其余七卦变龙俱仿乎此）习堪舆者，欲识地理来龙，及来龙结穴之吉凶，必以斗柄之贪、巨，参诸洛书之紫白方准。（如贪狼木星行一白坎宫则结穴吉）

善寻龙者，将罗盘按在来龙过峡处，视来龙在二十四方之某字，属某卦，从一字来者是单过，为清。从两字来者是双过，双过者净阴净阳则为清，阴阳相杂不为清，（罗盘上红字为阳，黑字为阴，若从两红字或两黑字来者为净阴净阳，若从一红字、一黑字来者为阴阳驳杂）清者，则龙所行之九宫，结地秀美，有穴可求；不清者，则龙所行之九宫，结地粗顽，只可作神坛水口而已。相地者有此本领，方可谓之地师。

二十四山阴阳论

罗盘上山有二十四之分，而总不离乎阴阳，阴阳有干支之殊，其实不出乎八卦，八卦以乾坤坎离为阳，而干支之纳于乾坤坎离者，即以乾坤坎离用之。（如乾纳甲，甲即乾，坎纳癸申辰，癸申辰即坎也）八卦以震巽艮兑为阴，而干支之纳于震巽艮兑者，即以震巽艮兑用之。（如艮纳丙，丙即少男；震纳庚亥未，庚亥未即震也）故讲地理者，能神明于纳甲三合之法，则以二十四山作八卦八山观可也，能贯通乎八卦阴阳之理，即以二十四山作阴阳二山观，亦无不可也。尚何至有阴阳不净之弊与！

立向纳水净阴净阳说

（附纳甲三合用法）

立向纳水之法，本自纳甲三合例，向与水净阴净阳则吉，阴阳相杂则凶。

净阴者何？

如亥卯未三合局，加纳卦庚，（卯居震位，震纳庚）皆长男阴向，由亥卯未庚方来去之水，俱是长男纳甲催官水。巽向，加纳卦辛，皆长女阴向，由巽辛来去之水，俱是长女纳甲催官水。如巳酉丑三合局，加纳卦丁，（酉居兑位，兑纳丁）皆少女阴向，由巳酉丑丁方来去之水，俱是少女纳甲催官水。艮向，加纳卦丙，皆少男阴向，由艮丙来去之水，皆为少男纳甲催官水。此净阴之理也。

净阳者何？

如寅午戌三合局，加纳卦壬，（午居离位，离纳壬）皆中女阳向，由寅午戌壬方来去之水，皆为中女纳甲催官水。申子辰三合局，加纳卦癸，（子居坎位，坎纳癸）皆为中男阳向，由申子辰癸方来去之水，皆为中男纳甲催官水。乾纳甲，乾与甲皆乾金阳向；坤纳乙，坤与乙皆坤土阳向，由乾甲坤乙方来去之水，皆纳甲催官水。此净阳之理也。明此净阴净阳之理，断不惑于生水法之说矣。

精解罗经三十六层

长生水法不合地理说

　　唐代撰写《铜函经》，目的是破天下王气，废地理真传。后世习其书者，率皆遵用长生水法，而不知其诬。试思八干立向者，犹可说也，干中本有长生；即以十二支立向者，亦或取地支遁藏之说以藉曰。若以乾坤艮巽立向者，将何处见其长生也？

　　长生之说，是陈希夷先生取以定子平者，而乃信其为地理之用，何不思罗盘之上，果有长生、沐浴字样否耶？

分金坐度消砂收砂说

　　分金云者，由罗盘一线之分，贵似一线之金也；坐度之云者，穴之后山，坐于二十八宿某星之几度也。消砂、收砂云者，消凶砂收吉砂也。或曰：消之、收之若何？余曰：消收之法，全凭罗盘分金转移之巧。

　　大凡山冈地点穴，取坐度后之山峰为主，看在二十八宿某星分野几度，定其所属五行中某字，而以生克制化之理，辨其生坐山者为生砂（主人丁旺），助坐山者为旺砂（主丁财两旺），受坐山克者为奴砂（为财星），克坐山者为煞砂（主人丁不旺），坐泄山之气者为泄砂（主败财），避其克山泄山者则为消，取其生山助山及山所克者则为收。譬如乾山巽向地，后山峰坐奎木度（奎星属木），此分金作木局也，辰上有大星峰，辰为亢金分野，亢金克坐山奎木，是为煞砂，午方有大星峰，午为景日火分野，火泄坐山之气，是为泄砂。若仍乾山巽向，只用罗盘斜分一线，将后山改坐壁水度，辰上之亢金，则生坐山水为生砂，午上之星日火，则坐山克之为奴砂，此消砂收砂之法也，余可类推。此为消砂收砂口诀，慎记慎记！

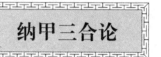
纳甲三合论

纳甲三合之法，由来久矣。每见近年坊刻地理书，有讲者，亦有不讲者，乡间地师，有知者，亦有不知者。不知不讲者，固犹夏虫之不可语冰，即知者讲者，亦犹饮食而鲜能知味。此盖由于知之而未好之，好之而未乐之耳！

纳甲三合，其法之为用甚重，即如罗盘上之二十四方位，红字为阳，黑字为阴，余初不明其理，后用纳甲三合法按之，凡纳于乾坤坎离，先天四阳卦者，俱与盘中红字相合，凡纳于震巽艮兑，先天四阴卦者，俱与盘中黑字相合。于以知纳甲三合之法，非第为堪舆之作用，而实为罗盘之根基，只相地而求净阴净阳，舍此法保以哉！

按：八卦阴阳先天为体，后天为用，先天八卦阴阳，取四正为阳，四维为阴，故乾坤坎离为阳，震巽艮兑为阴。后天八卦，取乾统三男为阳，坤统三女为阴，故乾坎艮震为阳，巽离坤兑为阴。论地理之阴阳，必本先天八卦；论阳宅之阴阳，必本后天八卦。地理本于先天者，龙穴为先天生成之定体，体不可以变通，故以先天之体还其体；阳宅本于后天者，房屋由人力之作用，用则可以化裁，故以后天之用还其用。然要知阳宅阴阳，亦惟门路主灶，取与

后天八卦阴阳相配，若论地势砂水，则仍取与先天八卦阴阳相合方准。

净阴净阳兼向阴阳相杂兼向吉凶说

歌曰：

戌乾壬子壬癸间，丑艮寅甲乙辰先。

己丙丁未坤申位，庚酉方向宜相兼。

此净阴净阳兼向之吉者也。

又曰：

辛戌乾亥亥壬间，丑癸艮寅不可兼。

甲卯卯乙体相并，辰巽巽巳怕双兼。

丙午午丁双煞曜，未坤申庚亦莫兼。

酉辛双女连床煞，十四双向是祸端。

此阴阳相杂兼向之凶者也。

其故何也？盖用罗盘上红字与红字相兼，为净阳兼向；黑字与黑字相兼，为净阴兼向，故戌与乾，壬与子癸，寅与甲，乙与辰，坤与申，得净阳兼向之吉；丑与艮，巳与丙，丁与未，庚与酉，得净阴兼向之吉。明于净阴净阳兼向者为吉，而阴阳相杂兼向者，其凶可不言而喻矣。或曰：阴阳相杂兼向之所以凶者，为红字与黑字相兼，黑字与红字相兼，故阴阳不净耳！若巽酉辛四向，在罗盘俱属黑字，宜俱为净阴可兼之向，而独取巳与丙兼，而不取巽与巳兼；取庚与酉兼，而不取酉与辛兼者，何也？余曰：此理易明，试以纳甲三合法按之，辛纳于巽，辛即长女，巳合于酉，巳即少女，巽巳酉辛，俱双女也，双女连床岂可兼乎，故以凶定之。

黄泉水辨

　　昔杨救贫著有黄泉之说，作歌曰：庚丁坤上是黄泉，乙丙须防巽水先。甲癸宫中休见艮，辛壬水路怕当乾，后世率而行之，亦不知黄泉说本何因，大约为凶水之悦耳。

　　余尝以纳甲三合爻变按之，盖即为破文廉水也，但其中"乙丙须防巽水，辛壬当乾水"说，乙纳于坤，巽为坤之禄存，辛纳于巽，乾为巽之廉贞，谓之黄泉固也。若丙方开门立向者，丙纳于艮，巽为艮之武曲，武曲吉水也，何为而防之？壬方开门立向者，壬纳于离，乾为离之武曲，亦吉水也，何为而怕之？且乙方开门立向者，乙纳于坤，艮为坤之文曲，震为坤之廉贞，兑为坤之破军，皆坤乙之凶水也，何独以巽为黄泉？辛方开门立向者，辛纳于巽，坎为巽之文曲，坤为巽之禄存，离为巽之破军，皆巽辛之凶水也，何独以乾为黄泉？总之，读地理书者，本一纳甲三合爻变之法，一任诸书有趋吉之多方，不趋而吉自与合。有避凶之妙用，不避而凶自不犯，不宁惟是，即其言之差忒者，俱可援此法以辨之，则此纳甲三合爻变之术，真数学之准绳也。

八卦纳甲三合

　　乾纳甲，坎纳申辰，艮纳丙，震纳庚亥未，巽纳辛，离纳壬，坤纳乙，兑纳丁巳丑。坎离不纳戊己者，二十四山无戊己，（坎纳

精解罗经三十六层

戊，离纳己，二十四山无戊己，故不言纳）其四正卦，兼纳八支，取与本卦支为三合局。地理家之坐山九星净阴净阳，皆起于此。（其余图说详具《协纪辨方》）

二十四山星宿五行

　　乾坤艮巽四木山，奎木井木角木斗木四宿也，
　　辰戌丑未四金山，亢金娄金牛金鬼金四宿也，
　　乙癸辛丁四土山，氐土女土胃土柳土四宿也，
　　子午卯酉太阳火山，虚日星日房日昴日四宿也，
　　甲丙庚壬太阴火山，心月张月毕月危月四宿也，
　　寅申巳亥四火山，尾火觜火翼火室火四宿也，
　　寅申巳亥四水山，箕水参水轸水壁水四宿也。

爻变小引

　　八卦之在罗盘，不仅以为定方立向之体，盖并以为旋乾转坤之用耳，用者何？爻变是也！知爻变，而阳宅东四西四之分，与阴宅净阴净阳之理其该焉。予初读阴阳宅书，不明爻变，市井中无从奉教，殚精竭虑，梦寐以求，忽悟红纸翻变之法，即披衣挑灯，拾纸弄墨，一试而得，殊觉涣然冰释。予因得之非易，谨志其法，以为入门捷径。

红纸造卦变阴阳宅法

　　八卦变爻之法，用红纸寸许一方，裁作三块，即以红色为阳，为乾三连卦，将三块红纸背面两头以墨染成阴卦象，为坤六断卦，以备翻变。画卦之法，自下而上画；变爻之例，自上而下变。先翻上爻，次翻中爻，再翻下爻，再翻中爻，再翻上爻，再翻中爻，再翻下爻，再翻中爻，八变而周，每卦如此。阳宅变爻，以"生五延六祸天绝辅"挨变为次序；阴宅格龙变爻，以"贪巨禄文廉武破辅"挨变为次序；阴宅纳水变爻，以"文禄巨贪廉破武辅"挨变为次序，用虽不同，其义一也。变成贪、巨、武、辅为吉，破、禄、文、廉为凶。（阴宅论向，阳宅论门；阴宅分净阴净阳，阳宅分东四西四。以八卦阴阳按之，虽有先天后天之别，而变爻之法，则俱以贪、巨、武、辅为吉，破、禄、文、廉为凶）试以阳宅变爻之法言之，阳宅以门为主，变爻即从门上起。如坤门宅，则以坤卦定局，将红纸背面三阴坤卦置于旁，按"生五延六祸天绝"挨次翻变。先将坤卦上爻一翻，则成艮卦，故艮为生气贪狼，若艮方有房屋高大则吉。次将中爻一翻，则成巽卦，故巽为五鬼廉贞，若巽方有房屋高大则凶。再将下爻一翻，则成乾卦，故乾为延年武曲，若乾方有房屋高大则吉。再将中爻一翻，则成离卦，故离为六煞文曲，离方有房屋高大则凶。再将上爻一翻，则成震卦，故震为祸害禄存，震方有房屋高大则凶。再将中爻一翻，则成兑卦，故兑为天乙巨门，兑方有房屋高大则吉。再将下爻一翻，则成坎卦，故坎为绝命破军，坎方有房屋高大则凶。再将中爻一翻，还坤卦本位为辅，主吉，此阳宅变爻之例也。至于乾门，则以乾卦定局；则坎门，则以坎定局，俱以"生五延六祸天绝"挨次呼之，举一可以反三矣。阴宅以向为主，变爻即从向上起，如巽向地，巽为长女，为阴向，则以巽卦定局，将红纸三块摆成巽卦，按文禄巨贪廉破武辅，挨次翻变。先将巽卦卜爻一翻，则成坎卦，故坎为六煞文曲。再将中爻一翻，则成坤卦，故坤为祸害禄存。再将下爻一翻，则成震卦，故震为天乙巨门，再将中爻一翻则成兑卦，故兑为生气贪狼。再将上爻一翻，则成乾卦，故乾为五鬼廉贞。再将中爻一翻，则成离卦，故离为绝命破军。再将下爻一翻，则成艮卦，故艮为延年武曲。未将中爻一翻，还巽卦本位为辅，此阴宅纳水变爻之立也。若震（天乙）、兑（生气）、艮（延年）、辅（本位）四芳，有去来砂水吉。不但此也，震纳庚，兑纳丁，艮纳丙、巽纳辛，即庚丁丙辛四方，有砂水去来，是为纳甲维官水，皆吉。且震在卯位，卯与亥未三合，兑居酉位，酉与巳_丑为三合，亥未巳丑四方，有砂水去来，是为纳甲三合催官水，皆吉。其余坐向变爻纳甲三合，亦俱从各向推之，自合净阴净阳之理。至于格龙变爻之法，可参前篇"格龙说"。

掌中布天定卦式

变爻之法，已详于红纸变卦法矣。第节红纸变卦，不过为入门捷径，若欲变通取用，必得袖里乾坤。

其法照天定卦式，布于左手四指，以离巽坤兑列于上节，以乾艮坎震列于下节，务要记熟卦位。每变卦时，用手大指按住本卦为辅，看本卦变上爻为何卦？即以所变之卦起七星，一上一下，挨次点数，将七星数遍七卦而止，自边起者边止，自中起者中止。如乾卦变爻，乾与离俱在食指，以食指下节而起，亦数至食指上节而止。坤卦变爻，坤坎俱在无名指，从无名指上节而起，亦数至无名指下节而止也。

掌中变爻三关

学变爻者，要先明天定阴阳交互之理，如兑与乾交互（☱☰），艮与坤交互（☶☷），坎与巽交互（☵☴），震与离交互（☳☲），基故何也？盖乾卦之上爻一变，则成兑卦，兑卦之上爻一变，则成乾卦，故乾兑交互也。艮卦之上爻一变，则成坤卦，坤卦之上爻一变，则成艮卦，故艮坤交互也。坎卦之上爻一变，则成巽卦，巽卦之上爻一变，则成坎卦，故坎巽交互也。震卦之上爻一变，则成离卦，离卦之上爻一变，则成震卦，为震离交互也。所以变卦之法，必先从本卦呼上一爻者，即是从本卦先变上一爻也。

假如乾卦变爻，本卦为乾，先呼上爻为兑，是乾卦已先变上爻而为兑矣。次震是又变中爻而成震矣。再坤，是又变下爻而成坤矣。再坎，是又变中爻而成坎矣。再巽，是又变上爻而或巽矣。再艮，是又变中爻而成艮矣。再离，是又变下爻而成离矣。再乾，是又变中爻而还本位为辅矣。

阳宅乾卦变爻，则呼兑为生，震为五，坤为延，坎为六，巽为祸，艮为天，离为绝，乾为辅。阴宅乾卦格龙变爻，则呼兑为贪，震为巨，坤为禄，坎为文，巽为廉，艮为武，离为破，乾为辅。乾卦纳水变爻，则呼兑为文，震为禄，坤为巨，坎为贪，巽为廉，艮为破，离为武，乾为辅。此变爻三关也，左列八卦变爻格式，与三关成局，以备便览。

堪舆论

　　余尝与友谈，问以古之葬者，友因余方务爻变，即举易之系词以示曰"古之葬者，厚衣之以薪，葬之中野，不封不树，丧期无数，后世圣人易之以棺椁，盖取诸大过。"余即恍然悟曰："此古圣人之以《易》教孝也，堪舆盖此意耳！""天垂象，见吉凶，圣人象之。河出图，洛出书，圣人则之。"《易》之为书，自河图、洛书来也。乾南坤北，先天之所以定位，乾西北，坤西南，后天之所以致用。

　　以八卦定天地，而天地位，天地位而万物有不育者乎！以八卦相地势，而地势坤，地势坤而厚德有不载者乎！故地理一书，必识罗盘之界限，而消纳方清；必明六爻之变通，而吉凶方准，此堪舆本乎易理也。若不明八卦纳甲三合，仅用长生水法立向纳水，遂至吉地葬凶，而富贵讫无一验者。虽曰茔主之福田未广，而实由堪舆者为明乎易也，夫岂圣人以《易》教孝之意哉！业堪舆者其审诸书，尝读地理一书，化者变而生者曰荣，远非藉以专求富贵也。夫欲广福田，先养心田，踵礼蹈义养之于一己，积德累仁养之于子孙。不求佳地，而山川自效其灵，世之累擢家声远振何？莫非自积德中来。如家无善缘而沾沾以堪舆求之，是舍天理而求地理，失之远矣。

第四章

罗经指南杂说

 罗经正盘总说

罗经层数，多至五十余层；卦例五行，多至数十余种，学者望洋而无从。抑知经盘之用，不过八卦、十二支、天星三者而已，其余层数，皆所以佐辅此三者之用也。三者犹正文，余层如注疏。

古今谈经盘者，皆祖九天玄女，谓玄女授针法于黄帝，其后赤松子、黄石公制为经盘，有《青囊经》正经可据。愚意九天玄女、黄帝，世远无稽，但针法非圣人不能制成。《青经囊》非属秦以下书，经盘必出于三代之圣人，此则其可知也。自周而秦汉六朝，其制隐秘，世不盛行。至唐邱公所传，有二十四山净阴阳、九星、天星、盈宿六十龙等法。二十四山者，合八卦十二支而成者也。六十龙者，上应天星之贵贱者也，以之乘气立向，消纳砂水，法己无所不备。明了之人，只此二层，其用已足。后杨公以盘制三八，而廿四山八卦之界限则明了。但十二支之界，必半分干维，愚者卒难通晓，于是将十二支位，每位两分，前干维而后地支，二十四山双双起，倍其十二耐廿四，地支之界，亦了然明白。以之起生旺而挨九星，无瞻前跨后之弊矣，其制正当。旧制之缝中，故称缝

针，而指旧制曰正针也。又以正针二十四山，既应天之二十四气，然一气有三候，未有应者，故作七十二山，用之坐社会秩序，避干维之中空，地支之正冲，所谓七十二分金也。又以七十二分金，每山三位，未为精细，乃于每山之下，各设五位，共一百二十分金，取以旺相，避其孤虚、龟甲。所取者正当，二分之加数，不犯五六之空冲，九十之偏薄，分金之法，精当无遗矣。若夫中针者，则赖公设之，以明盈缩龙者也。盈缩甲子，起于正针之亥末，从天盘也，浅者疑之。赖公作催官篇，发明天星之秘，故作此盘。盖天星以天皇大帝二星为主宰，此星在勾陈口中，紫微皇帝星正照午位，则天星在乾亥之间。故此盘以亥居乾亥之间，以壬居壬亥之间，以子居壬子之间，悉前半位，上应天星，正对而不偏倚。《青囊》曰北极，斜居壬亥之间也，盖天之子午与浮对之子午，差半位而不相对，非此盘无以应之。正针之子午，曰正针地盘也；北极之子午，曰中针天盘也，其名中针者，以此盘之子午正指，正针丙午二火之中也。中针一设，而天星之位，各得其正，而盈缩甲子之起于正针亥末者实天盘之壬中，无可疑矣。

三针备而八卦地支天星之分界划然，盈缩从天星起甲子于正针之亥末，子午正当中针之子位，中针之用也。七十二龙从八卦起甲子于正针之壬中，五子正当正针之子位，正针之用也。一百二十从地支起甲子于正针之子初，十子正当缝针之位，缝针之用也。中主天星以辨龙，正主八卦阴阳以定龙向，缝主地支生旺以消纳沙水，曰三针。盈缩六十，为辨龙之细法；穿山七十二龙，为坐穴之细法；一百二十分金，为分金之细法，曰三盘三针。三盘为扦作之必需，缺一而不可者，故集为正盘。其余正针内辨龙水纯驳之法，细盘先后天卦例之说，不背正理者，则集为备用盘云。

罗经备盘总说

　　指南针之盘而曰罗经者，盖取包罗万象，经纬天地之义。凡天星、卦象、五行、六甲，世所称渊微浩大之理，莫不毕具其中也。原古仙之设此，不亦近于鲧与，而非鲧也，欲以此数寸之盘，测天地之灵秘，符造化之妙用，不若是则不能近其情也。夫罗经之用，甚丛杂矣，不易言矣，然而有可言者，其用虽丛杂而其所以用之例，不过二者而已。二者维何？一曰相天之用，即"正集"所具乘气立向，消砂纳水诸用是也；一曰测天之用，乃测山川生成之纯驳，以辨其地之贵贱大小者也。不知相天之法，则不能乘气消纳，以趋吉而避凶；不知测天之法，则不能知地之贵贱大小，乃轻测天乃辨地之法，稍可缓焉，故汇为"备集"也。夫合为一集，亦未尝不可，而余必分之者，一则恐学盘者不知有相天、测天之分门，一例而观之，则吉凶互异多歧，而罔适从；一则恐用盘者不知缓急，而必求夫至精至纯之地，反以微疵而轻弃。夫大富大贵之穴也，故将二十四山测天之法，荡为备集，并将用虽不急，而其理须知者附焉。又诸细盘之中有妙理，而不急于用者亦次焉。若夫背谬之说，邪妄之制，则余更有辨"伪集"在。

罗经辩谬总说

　　罗经一器，内具至广至精微之理，学之者原非易了之事，故

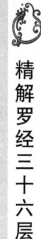

精解罗经三十六层

世之精是者，不多人也。夫罗经固不易精之理，今更加以种种之讹谬，则后之学者，将行羊肠而多岐，余焉不为一下杨、朱泪也。

余且以盘中之所具者言之。曰先天卦，后天卦，十二支，十二辟卦，辟卦上中下候，正针二十四山，三家五行，地盘节气，净阴阳，坐山九星，七十二穿山及纳音三七起甲子法，穿山宿，本卦持世宿，翻禽宿，壬初顺排六十龙带卦解，壬半顺排六十龙带卦比，子初顺排六十龙杂卦颐，起壬半百二十分金，及壬初百二十分金，起子初百二十分金，分金颐卦，二八，三百六十赤道，度二十八宿，界限分野，蔡西山平分六十龙，本龙三七，本龙内卦，缝针二十四山，三合五行，正针分金，中针二十四山天盘节气，中针分金，盈缩六十龙纳音，内卦宿度五行，开禧度，度中凶吉，廿八宿星象，并三奇八门，四吉五亲。约有五十余层。

外有用于盘而不书于盘者，如纳甲法、父母卦、大玄空，并黄泉八煞等，不下数十余种。欲学之者，必须知天极星度之象，易卦五亲之法，干支变化之理，阴阳配合之情，诸家五行之说，诸用神杀之例，奇门遁甲之学，翻禽倒将之用。入门之初，已不胜其烦苦，及入门之后，只见此云是、彼云非。左杨者诋赖，是赖者非杨，纷纷议论，将筑室于道旁，后学至此，而不退无几矣。谬说之兴，起于前明嘉隆之际。学理气之徒，不得正脉，乃相穿凿附会，而犹坠于地，自后而有诸罗经解。张文介简而寡疵，然大略而不备。熊宗岩广收众说，而无去取，乱而不精。杨君庸《说髓》备矣，近精矣，犹杂而不纯，然不敢武断也。独闽中徐试可者，则肆其妄谬，以其笔舌簧鼓世人。而罗经大坏至于今时术辈，则皆意度想当然之义，或有尖处巧处，然弥近而愈远。语云："蔓草不除，嘉谷不秀。"欲明邱、杨、吴、赖之道于今日，为后学之周行，则谬说之当辩，尤急于正说之当明也。

杨赖二针异同是非辨

　　人言，有巨鱼自北而从南，其鬣出水上，如连山复岭，望而不可极，其移也，三月而始尽。余想此鱼，其修不知几千年矣，然有移而动也，必自首至尾，无咫尺之不动者也，何也？其为一体，虽远而无不属也，罗经亦然。

　　罗经之例虽多，层数虽繁，然皆一理贯串，并无是非彼此于其中者也，故善罗经者，即持一正针二十四山而其用不见不足，即予之多层之盘，而其用不见有余，盖一理之用故也。

　　夫罗经之用，不过辨龙、立向、坐穴、消纳而已，此数种法，已悉具于正针二十四山中，但其用之法不一，有辨龙乘气之用法，有立向之用法，有坐穴之用法，有消纳之用法，后学不能悉明其理，因而不能尽施于用。先贤起而发明注疏之，二十四山之外，诸盘皆注疏此二十四山者也。正针立向则用二十四山之正针，人所易晓也。正针之坐穴则忌一山之正中，与夫太极边处而取不正不偏之处，盖正则有煞，偏则气薄，亦人所易悟也。至格龙而用壬子两山同宫，论五行则太极通酉矣。于是赖公作一针，以子指正针壬子之缝中也，晓之曰，此壬子同宫之法，乃天极之子午也。地无精气，以星气为精气；地无贵贱，以星光为贵贱，以星光为贵贱必用天盘，始能辨龙之美恶。赖公之中针，为壬子格龙之故而设也，兼以明细盘盈缩六十龙之位，盈缩格龙之用，其甲子起于正针之亥末，原从天极而设，惟以中针定之，则甲子起于正针亥者，实起于中针之壬中也。人可无疑于盈缩也，至立向消水，则凡干维之总费用迴中分，而仍归于两边之两支，以向之兼左兼右论五行。如丙向加午则属火，加巳则属金。初学不便，于是杨公作缝针以明之，以壬子两山中分干支，二十四山双双起，如巽巳二向属金，丙午二向属火，不必论兼加，其五行了然明白也。兼以明细盘百廿分金之位，百廿甲子起于子初，十干尽于癸末，实犯十二支之丑位。盖分金从日景之子午，而设缝针之子，日景之子也，惟以缝针定之，则分金之十干，始于壬半，终于癸半，人可无疑于百廿也。赖公之中针专用之以辨龙，杨公之缝针专用之以消水，龙先向后，如首尾之相从，本一体也，有何彼此是非之可诋哉？

杨赖格龙立向辨

公以正针格龙，以缝针立向，故以正针为地盘，以缝针为天盘。赖公以中针格龙，以正针立向，故呼中针为地盘，正针为天盘，皆取"龙从地上行，向从天上立"之义。杨赖之针法不同，徐试可为之说曰："赖盘之子，先于正针之子；正针之子，先于杨盘之子，二公皆以先至之气格龙。"又曰："盘从赖制者从赖法，从杨判者从杨法，否则不合气之先后。"审若是，则经盘有二法，二法皆可用矣。试问其何处之山川，从杨法而生？何处之山川，从赖法而立？抑亦山川可杨可赖，任从用者之经盘，山川或赖，所于造化之偶凑，嗟嗟，有是理乎？夫赖系曾之的传，岂有背异于杨法？特不过补杨公之未备耳！盖杨针是消水之法，赖针是格龙之法也。硌龙固以正针为主，然以之格龙而不较之以赖针，则天星不清也。如正针亥为天皇，其近乾一边者，赖针亦是亥为真皇也。近云一边者，虽系正针之亥，却是赖盘之壬，则非真天皇之气也。所谓"先将子午定山岗，却把中针来较量"也，亥是正针阴龙，当立正针阴向。及赖以中针格龙，正针定向，格龙者，辨天星之龙；立向者，立子阴午阳之向也。立向固以正针为主，然理之于水，则干维有左右兼加诸不便。如丙向兼午为火，兼巳为金，惟？和杨盘则丙午二向属火，巽巳二向属金，直捷明白，并不兼加。所谓"二十四山双双起"也，单为水向而设，而其辨龙之阴阳，配合之纯净，仍用正针，故杨以缝针立向，正针格龙。立向者，辨五行生旺之向；格龙者，格净阴净阳之龙也。盖正针专主阴阳，中针专辨天星，缝针专论五行，用正针以辨阴阳，杨赖皆然。用中针以辨天星。杨虽不设盘，而用盈缩以透地，已暗藏中针在内，杨非不识中针也？用缝针以消水，杨既已设盘，赖从而用之，无言蛇足也。赖法俱得之杨，但恐人未晰杨公透地之法，故设中针以疏明之耳，安有二法哉！

 ## 穿山格龙透地坐穴辨

穿山者，穿坐山；透地者，透地脉。穿山甲子起于壬末，透地甲子起于亥末。先至之气定龙，后至之气坐穴，不易之理也。古云："《素书》六甲主取龙，《宝镜》六甲取坐穴。"《素书》以山水推坐穴之吉凶，故《素书》专取龙。《宝镜》以坐穴推山水之吉也，故《宝镜》专取穴。不知后人何故，反以穿山坐穴者以格龙，透地格龙者以坐穴，以讹传讹，颠倒乱用，真可叹也！幸张文介之经解，正之于前，杨君庸之《说髓》，明之于后，而徐试可又辨之甚详，故余不多赘也。此罗经盘紧大之用，世犹仍讹者多模，虽不赘辞，特揭此言，欲使后学不模糊过之也。

平分盈缩二龙辨

有背谬之讹错，有似是之讹错。背谬之讹错人所易知，如山格龙、透地坐穴之讹是也；似是之讹错，人难卒晓，平分盈缩二龙是也。古制只有盈缩，并无平分，后朱、蔡不明其故，更定平分，始有平分龙之说。其朱、蔡已前之先师，如邱、杨、曾、赖皆未之见也。夫以前诸仙俱用盈缩，若谓平分是，而盈缩非，将诸仙俱讹错，而不知龙法乎！断断无是理也！徐试可欲以朱、蔡二字压倒诸先师，不知论经论史，杨、曾不及朱、蔡固也；若言地理之学，则朱、蔡不过仅登曾、杨之堂，焉能压倒曾、杨也。盖地理经盘之用龙取天气，故作用皆取天盘。盈缩者，天盘之用也，地形方而静，其数齐整；天形员而动，其数奇零，故不可以平分测天气、言龙法也。地无贵贱，以星气为贵贱，星之占度阔狭不等，格龙之法，不过辨其分星之贵贱耳！星不能从平分之齐整，焉能以平分测星度之贵贱乎！六甲之数六十，以之应度，则每龙应得六度七分；以之应候，则每龙又仅得五分五度八秒。若欲应候而整齐，非七十二不可；欲应度而整齐，非六十一龙不可。此势不得不盈以应度，缩以应候；或缩以应度，盈以应候也。此层制作，上合天度之阔狭，又合气候之升降，与天道默符，玄中之玄，妙中之妙，固非庸俗所得而知也。《说髓》云："平分可少，盈缩不可少"。张文介独用盈缩，不用平分，具有过人识力。

杨盘缝针借向辨度

熊氏论缝针以为格龙之用，又不敢自信，夫熊氏之经辨，剿袭成书，卑卑不足辨。若徐试可者，不知缝针之用，又造出一借向之用法，如云亥系阴龙，欲扦丙阴向，却无堂局，而局偏在午向；欲立午向，却与龙驳杂，乃借立缝针丙阴向，辛亥、辛巳分金，顾缝针之丙向，即正针之午向也。欺人乎！欺天乎！夫正针从八卦之位，故有净阴阳，缝针从十二支而设，有生、旺、墓之位，并无阴阳之分。从古无此说，乃劈空造出，愚妄无知，又下熊一等矣。依徐说，例应扦内外两向。

七十二龙不用三七辨

二八者，百廿分金之用也；三七者，七十二龙之用也。皆出于二百四十分数。三七之用，如正针子宫有三子，戊子为正子，丙子近壬，为七子三壬；庚子近癸，为七子三癸，每宫皆然。徐试可反以三七为平分六十龙之数，非七十二龙之数，不知三七分于七十二龙，则正是正，而三七是三七，若用于平分则甲子为七壬三亥可矣。若戊子为三壬不偏，近巳而不偏，至戊子则为五壬五子矣。七十二只有正与三七二项，平分则多名，五分之数为三项矣，故以三七归七十二，若合符节，自然而然，若加之于平分，必竟牵强不安也。七十二每龙得三分，余七分。若六十则第龙得七分，余六

分矣。

论各家五行用法

正五行，为行龙生克之用。双山五行，以入首龙左右旋以取八干之气，而推山水生、旺、死、绝之用。三合五行，为立向五行之用。玄空五行，为水路生克向家之用。洪范五行，推地局贵贱这用。各有所主，故吉凶美恶，辨晰毫厘也，而讹言邪说，以为龙家正五行不合，则变而脾双山，或改而用洪范。水道遁以正五行而不合，则遁之用双山，又不合，然后用玄空以消纳之。夫五行正以其有专一司，而后非唯心辨吉凶，如试金之石，必黑色而后可辨金高下也。若游移无定，可此可彼，东凑西凑，以求偶合，则五行皆不足为凭，而吉凶亦无从而辨。有是理与此等论说，世颇信之，亦愚下之甚也。

用正五行不用双山辨

徐试可欲以正五行压倒诸家，以文其固陋，故每以正五行为主，其论人首也，以为正五行不合，然后用双山。不知论龙身之生克，当用正五行推砂水之吉凶，当用双山。盖正五行是五行之位，双山五行是五行之气也。如庚酉辛金龙入首，若从丙午火来为受克，从未坤土来为受生，此当用正五行也。盖以龙从某方某位行过来也，若以人首推砂水之生旺，的当从双山，何也？方位无长生，惟天干有长生，双山五行从天干之生气而定，如壬水，生申、旺子、墓辰，故申子辰属水也。双山原从天干而来，故用双山之左右旋，始可测此龙系某干之气，然后可用此干以起长生，以推水砂来去高低之美恶也。正五行从地支而定，双山从天干而出，各有其用也。世之浅学，但知方位，不识方位之气，如北方是水，而水之气不从北方始也，实始于西南之申；不向北方终也，实终于东南之辰。不识申辰为水气之始终，故执正五行而不明双山也。夫南火北水，东木西金，十二支为正五行也，正五行静而守位，以待干气之流行。无地支生于某宫、旺于某宫之法，则多得以正五行之方位，而欲为双山十干之用哉！

正五行双山五行起生旺推砂水辨

时说谓推砂之宜高宜低，水之宜来宜去，先以人首正五行，分左右旋起长生推之，如不合局，乃用双山五行，分左右旋起长生推之。历考《青囊》《玉尺》《天玉》诸经，并无用正五行之法，盖正五行系五行之方位，行龙博换以此论生克。若夫长生系五行流行之气，双山五行原从五行流行之气而定，故用之起长生，是以气求气法也。正五行干维地支，各自不同，例不归一，法不可用，所以古人只有用双山法也。夫推砂水之美恶，正以有一定之五行，而吉凶可验耳！若云正不合而后用双山，是此一局在正五行为凶局，在双山为吉局，一吉一凶，可吉可凶，法无定衡，例可变更，是儿戏也，乌可言道哉！

正五行正针平分龙辨

　　世人谈理气，其讹错不胜辨矣。亦有最近人情，最远于道，为害最大者有三：一曰用正五行，不用诸五行；一曰用正针，不用中针；一曰用平分，不用盈缩。夫正五行可用，则古仙又何必立双山、玄空、洪范。一正针而能了明生旺天星之法，则杨又何必盈缩，赖何必设中平分？若可测天气，则古法又何必立盈缩？盖高妙之道，大多远于俗情，故于俗情不近也。抑知正五行方位之体也，若测流水之气，必须双山；先天之气，当推洪范；水路之生克，当用小玄空。非诸家正行则吉凶茫然矣。正针八卦，地盘之位也，若推十二支生旺之气，必须缝针。占天星贵贱之分，必须中针。若无中、缝，则天星十二支之用不明矣。平分地盘，方位之用也，地体方而齐整，天体员而奇零，龙用天气，非整齐者可测。若去盈缩，则龙法之天星贵贱无辨矣。世人不能推究精妙，日趋下卑浅易之途，此道所以曰讹也。

以理气定峦头辨

　　地之大小，八分是峦头所主。龙长势大，为大地；龙短势小，为小结。峦头既定，于是以天星理气之贵贱参酌焉，天星贵则益善，天星贱则灭分数，此正法也。今人看地未曾详审峦头，便摸出一罗盘格之，既开口曰：此是六秀龙好，此是辰戌龙不好；此是六秀峰好，此是四金峰不好；此是三阳水好，此是四墓水不好。审若是，则不必辨峦头矣，抑知峦头是体，理气是用，体立而用行，体若不吉，虽系吉秀何用？体若果真，虽系老元何妨？吾乡章陆二氏祖坟，皆坤申龙，发尚书显爵，科第不绝，俱峦头所发。若言理气，是贱龙矣。盖相地重在形局，作用重在理气。理气者，是空峦头之理气也，而审其当乘何气？当对何方？为不错耳！夫相时能准，理气专主向方，选日有主，坐山各有职掌，岂得以理气决地之大小贵贱哉！

罗经答问篇

爱好堪舆之道友每相聚，大都以理气相问难，当然一时偶谈之语，过则忌之矣。癸酉春天，刻《罗经解》将成，余与海昌道友曰："理气妙义，以相质难而相问，此解三卷，系郭子一人编次，余虽取而删定之，然仅能及郭子之所及，而郭子之所不及者，余亦未之及也。"因无诸友问难，其中阐发奥义处甚多，但今十忌就有八九，不复记忆矣。诸友曰："忌者固然较多，岂无一二追忆者乎？"因此追其，余就附录于后云。

【问】：先后天二卦，九天其本色，罗经何以不用先天而用后天？

余曰：先天是阴阳自然之次序，与河图五行火南、水北、东木、西金之方位不合，故在罗盘上先天不可用也。河图之方位，即后天方位，故在罗盘上方位必以河图为主。

举例，河图一为水而居北，后天以坎当之；三为木而居东，后天以震当之，一三为阳方，后天以乾坎艮震四阳卦当之。二为火而居南，后天以离当之；四为金而居西，后天以兑当之，二四为阴

方，后天以巽离坤兑四阴卦当之。河图乃阴阳五行之正位，后天从河图，因为罗经是专为辨方定位而设制，故用后天八卦也。

【问】：又有，周天方位既用后天，而净阴净阳又用先天，何也？

余曰：方位虽有先后天八卦，而二天同此八卦，后天之卦，即先天之卦也。后天从河图而出，以五行为主；先天从洛书而出，以阴阳为主，故言阴阳必当从先天也。慎记。

【问】：卦之阴阳不一矣，乾父三男（震长男，坎中男，艮少男）为阳，坤母三女（巽长女，离中女，兑少女）为阴，此奇偶之阴阳也。乾兑离震为阳，坤艮坎巽为阴，此两仪之阴阳也。乾兑为老阳，坎巽为少阳，坤艮为老阴，离震为少阴，此四象之阴阳也。三者皆卦象自然之阴阳，却俱不用，而以乾坤坎离当洛书之奇数者为阳，震艮巽兑当洛书之偶数者为阴，为何独取乎此也？

余曰：上三者之分阴阳，阴阳皆对待而不流行，若阳进阴退之妙用，惟洛书之数得之，故净阴净阳用洛书之数也。若用上三者之阴阳，则板死而不灵活，怎能运动天地之枢机乎！

【问】：洛书得阴退阳进之义，又若何？

余曰：此不可以言说明，当观其图而自见也。

观看"洛书配先天八卦图"吉知道：一二三四，从坤而退至兑；六七八九，从艮而进至乾，此所谓阴退阳进也。卦既从数之序，故卦亦从数之奇偶为阴阳，此净阴阳用洛书之故也。

【问】：天地无二理，而河图、洛书之位，何以不同？

余曰：河图者，阴阳五行对待之定位也；洛书者，阴阳五行流行之妙用也。

河图一北二南，三东四西五中，一二自下而上，三四者自左而右，五则合，是四者之所成，而以统御四者、持载四者上也，此天地之生数也。于是一得五而成六，二得五而成七，三得五而成八，四得五而成九，五得五而成十，此天地之成数也。一三奇而阳，故东北为阳方；二四偶为阴，故西南为阴方，此二仪之对待也。然阳无阴则无附，阴无阳则无依，故生数为阳者，成数必为阴；生数阴者，成数必为阳，此阴阳之相合也。

天地自然成数既然立，于是阴阳又分老和少。七九为阳，阳主进，故七为少阳，九为老阳。六八为阴，阴主退，故八为少阴，六为老阴。老少既分，阴阳乃交。二老相交，故一四合为五，一九合为十，四六合为十，六九合为十五。二少相交，故二三合为五，二八合为十，三七合为十，七八合为十五，两两相合，而成其中数。若老少则不能相合，何以成五十之数矣！此四象之对待也。五十为土，土生四九之金，金生一六之水，水生三八之木，木生二七之火，火复生五十之土，此五行左旋而顺行也。火南水北，木东金西，同拱中土，此五行之对待也。水土木生阳而成阴，内刚方而外柔顺，君子之道也。金火生阴而成阳，内深隐而外残忍，小人之道也。此也是五行对待，而各以类从。至于八为卦数，七为蓍数，九六为爻数，易道没有不出于河图的。

河图之妙，不可以言尽，然其大略不过阴阳五行对待之定位而已。洛书则中五立极，戴九履一，左三右七，二四为肩，六八为足。四正皆奇，四隅皆偶，四一气所摄，故用奇。四隅二气所交，故用偶也。不用十者，暗藏于相对之中。一九二八，三七四六，纵横十五，不用十而妙隐十者也。河图一二三四各正其方位，则先定其一三六八于东于北，而二四七九各配十以相对，以阴配阳之义之理也。

河图之定位，则水火木金相对而相克，其流行则左旋而相生；收之定位，则一六之水对四九之金，二七之火对三八之木，相对而相生。其流行则中五之土克一六之水，水克二七之火，火克四九之金，金克三八之木，木克中五之土，右旋而相克，非生不生长，非克不收成也。

洛书之位，正皆奇而隅皆偶，不用十而暗用十，先立阳而配

以阴，对用生而行用克，此皆阴阳五行之妙用也。河图之定位，相对而相克，其用则左旋而相生，以尊贵严正而行慈善使惠，故今天看来春夏以生万物，王者有礼制以定民生。洛书之定位，相对而相生，其用则右旋而相克，以杀伐妙其仁慈，故今天有秋冬以成万物之说，王者有兵刑以格不顺。观于河图洛书，可以悟天道识治道矣。天地自然妙法尽于此，众妙之门开也。

【问】：堪舆家用洛书而不用河图，何也？

余曰：河图静而立体，洛书动而妙用，八卦配洛书，方合退进阴阳之道，且河图用生而报缓，洛书用克而应速，故净阴净阳，专用洛书也。

【问】：洛书之四正位为阳，何以阳龙反不吉？

余曰：四正位是专气，其性情刚烈，刚烈则多祸，故不取。然圣贤仙佛，忠义节烈，豪杰英雄，多发于阳龙，皆正气所钟也。但世人只图福泽厚利，故不取阳龙耳！

【问】：孤阳不生，独阴不成，而净阴阳之法却阳龙宜阳向，阴龙宜阴向，取纯净而不取配合，这是为何也？

余曰：此阴阳是洛书数之阴阳，非卦画之阴阳。卦画之阴阳取卦画相配，故乾阳当配坤阴；洛书数之阴阳不同卦画，以数之奇者为阳，即坤离之阴卦亦为阳；以数之偶者为阴，即震艮之阳卦亦为阴。惟奇与奇配，其得数成偶，如一九为十，一三为四，一七为八也。偶与偶配，其得数成偶，如二四为六，二八为十，二六为八也，偶则配合矣。若奇偶相配，所得之数反奇零而不偶，故净阴净阳，阴阳不配合，正以妙其配合之用耳。况四正为正气，四隅为偏气，正与正合，偏与偏投，性情始各有所得也。于中纯净之中，得龙向合成十数者更妙，如乾九坤一，既合十成之偶数，十数为洛书之正配，又得卦画之阴阳相配，则为卦中之真夫妇矣，故乾坤相向，坎离相向，震巽相向，艮兑相向，为配向第一义也。即洛书四大向。

【问】：经盘之用，俱用净阴净阳相配，乃阳宅却不用，而用东西分卦者，何也？

余曰：天造地设之物，谓之先天，先天当用洛书数之净阴净阳，故占龙配向，阴宅仍用净阴净阳之法。人为之物，谓之后天，后天当用卦画之阴阳老少，故阳宅之房间门户，用阴阳老少之法。乾兑二卦从老阳来，坤艮二卦从老阴来，老宜配老，故四卦相合，以其在西者多，故曰西卦也。坎巽二卦从少阳来，离震二卦从少阴来，少宜配少，故四卦相合，以其在东者多，故曰东卦。东西分卦者，老少各宜相配之道也。

【问】：如果是这样，又何必分九星乎？

余曰：九星者，吉凶之名也，卦之吉凶既定，于是吉卦加之以吉星，凶卦加之以凶星，以便于番卦运用耳，非因是星而凶吉者也。先贤好用此名色，亦是民可使由，不可使知之意。余尝从卦象以推九星于四吉之中，当以巨、武二门二房为最善，贪、辅二星不如，何也？如乾之贪在兑，辅在乾，二卦向出于老阳，不得阴配。武在坤，巨在艮，坤艮同出于老阴，为老阳之正配，故曰贪狼虽吉，不如巨、武之有气也。

【问】：九宫轮宅之法与八宅法不同，亦可用否？

余曰：气运衰旺，从九宫而推，用九宫之法，乘旺局，开旺门，以迎旺气，乃舍经从权之妙用。若按经说常用之道，必竟以八宅为正，如一宅而数百年皆吉者，岂时常移易门向哉！不过八宅合法则自然有这样的结果！

【问】：正针双山五行，所以论龙固矣，但壬子同宫，而壬上半是亥，今俱作水论，恐未为妥当。

余曰：论龙用中针，天盘之子正指正针壬子之中，故壬子二山俱属水也。双山虽系正针之位，实是天盘之用耳。盖天盘之子午与正针差半位，以正针应之正是壬子同宫也。如地盘子午以杨盘缝针应之，亦是壬子同宫也。消砂之水用杨盘之壬子，虽系缝针之位，实是正针之用耳。论龙用中针之气，借用正针之位；消砂纳水用正针之气，借用缝针之位。如双山为中针之用，则知壬子同宫之不犯亥位矣。

【问】：盈缩龙起于正针之亥末，壬前半尚是亥宫，则甲子反全起于亥矣。甲子是子宫之六甲，何以不起于子而起于亥？子名而亥实，不亦讹错之甚也！

余曰：甲子不起于正针之亥末，而起于中针之壬中，盖天盘之子分金，起于天盘之壬半，终于天盘之癸半，故甲子实起于天盘子宫之初，非起于亥也。

【问】：甲子起于天盘之壬半，则甲子当起于室七度，今起于室十，却先三度，何也？

余曰：甲子应大雪上候，大雪之气不自子宫而骤生宫前三度已渐至矣。

【问】：审若是，当不仅三度矣，何以必三度也？

余曰：天之数三百六十度，其小数为三十六，三度为一日，三日得三十六时，故用三度则合天数，多则不合也。如今星命家推造法，以三为一岁，盖以一时当十日，亦以二百六十之故而用三日也。

【问】：二十八宿其有阔有狭，何也？

余曰：此因天盈以应度，地缩以应候也，因为以龙分度，当得六度七分；以龙应候，仅得五度六分，故或当阔以应度，当狭以应候。其龙得度之阔狭者，斟酌于度和候，夫二者之中以定之，细推算之自见。

【问】：龙之阔狭既从推算而得，何以古人谓上应天星分度之阔狭？似二说不相蒙合。

余曰：理之所在，气即应之，推之也当如是，则天星分度亦如是，又何疑焉！

【问】：龙用天盘先至之气，穴用地盘后至之气，何也？

余曰：气行于天，形成于地，龙动而行气者也，地之气即天之气，故当用天盘之方位。若穴乃地形之所结，故辨穴之方位，当用地盘也。

【问】：地之气即天之气，何以有先后至之异？

余曰：气生于天，次而及地，又次而及人，故天气最先。天至子月一阳生，至巳月而六阳足，天气此时已大热，而地与人则未甚热。地至丑月一阳方生，至午月而六阳始足，故地气充盛而霉大作，人未酷热也。人至寅月一阳方生，至未月而六阳始足，人间炎咸正赫。古云："天开于子，地辟于丑，人生于寅。"虽是元会运世之说，然一岁之中，而天地人之气莫不皆然，是天地固一气，而渐及有先有后，故有先来后到之异。

按：元会运世之说来自于宋朝时的邵康节所著《皇极经世》，与太极演化皆为一理。无极化生天地万物，其时间与空间原是无穷无尽，空间的总集称为"宇"；而时间的总集则称为"宙"。为便于纪元，乃在无穷延伸的时间中，取天地循环终始为一巡，称为"元"，以"元"作为计算时间的最大单位。一元复始，万象更新即来自于此。其下又分有"会"、"运"、"世"、"年"、"月"、"日"、"时"、"分"、"秒"等单位。人们常把宇宙自然的演化以元、会、运、世为单位，其具体换算方法为：

1 元为 12 会，1 会为 30 运，1 运为 12 世，1 世为 30 年。

如同 1 年有 12 月，1 月有 30 日，1 日有 12 时。

如此推算，1 元为 12 会、360 运、4320 世、129600 年。要注意的是此处一元与玄空中三元九运中的一元不同。

【问】：空亡差错何义也？

余曰：地支只十二，其十二界缝，正当正针入于四维之中，故正中一度，曰大空亡。七十二龙以应七十二候，其缝中无候可摄，曰小空亡。十二地支正中一度，乃正针之乡，为节气之界，故曰大差错。二十四山缝中，无人管摄，兼为八卦之缝，且为净阴净阳交界之所，故曰阴阳差错。一百二十分金，戊己当每山正中，用洛书中五无用之乡，故曰龟甲空亡。甲乙壬癸纳于乾坤坎离四卦，四卦九六不冲和，故曰孤虚。宿度五行相克之处，克彼者曰关，受克者曰煞。总之皆无气之乡，克战之地，故坐度须避也。

罗经盘上相气穴，二十四珠宝穴，"葬乘生气"，即是言此。"坐下若无真气脉，前面空叠万重山。""十坟葬下九坟贫。"廖金精也说："依我出王侯，依他出贼头。"此皆指龙真穴的之局，必须配合理气分金之妙方可，若不识理气的配合，亦是徒然。

【问】：乙丙趋戌，辛壬聚辰，午纳丁庚，未收癸甲，《玉尺经》之说也，今解注者云，一干是龙，一干是向，如右旋亥龙是乙木也。立丙向而水出戌口，曰乙丙趋戌，不知是否？

余曰：乙木龙立丙向，曰乙丙趋戌，审若是，则只八干向有水口，而四维地支十六向，皆无消水处矣，有道理吗？不知龙法以正针二十四山用双山五行，每行分六山，而审龙之左右旋，左旋者为四阳之气，右旋者为四阴之气。如乾亥甲卯丁未之龙属木，左旋者为甲木龙，右旋者为乙木龙也。山虽有二十四而气总归于八也。向法以缝针二十四山，用三合五行，每行分六山，而审水之左右倒，倒右者为四阳之气，倒左者为四阴之气。如丙午向倒右者为丙火气，倒左者为乙木气也。向虽有二十四，而气总归于八也，龙有用八干论水之法，向亦有八干论水之法，两不相蒙，不必相合。《玉尺经》四句乃是发明八干气之流行，使人知其所以然。如乙丙趋戌句，言乙木之气生午旺寅，丙火之气生寅旺午，而同墓于戌，故二干之气，必至戌而始得相交。若水不能至戌，则乙不能交丙，丙不能交乙，夫妇不交，不能望其生育之功。若水至戌即为乙丙相交也，此论其理，不粘在龙向上说。既知其理，于是审龙而观水口，可能知龙水之交不交，审水口为某气之交，则知当用某气之向以收水也。世人俱粘在龙向上说，故将此四句解之。

【问】：四大水口之说，可以讲尽水口之妙用否？

余曰：天地之变化无穷，汝见山川之水，俱出在辰戌丑未否？若水必出此四口，则四口可以尽水法之妙；若水不俱出此国四口，则四大水口焉能尽水法之用乎？抑知水法有先后天之分，后天为墓库，先天为文库，而先后天俱有正借之法。四大水口仅后天正墓库之一门耳，正墓库之外，尚有三门，曰借墓库，曰正文库，曰借文库。墓库兼绝胎两支，并干维得六位，文库并冠带一支，并干维得四位，两墓共十二位，两文共六位。每一干有十八位水口，二十四山处处皆可出水，二十四山山山皆有水出，但要立向消纳如法耳。其执着四大口以言水法者，皆寡陋之徒，不知先后天之法者也。

【问】：备正四门十八水口，从何知之？

余曰：亦不过推八干之气，例如丙火之气，出戌水是正墓库，出未水是借墓库，出卯水是正文库，出巳水是借文库。正库有墓绝胎三位，并干维共六口。借墓库有衰病死三位，并干维共六口。正文库有沐浴、冠带二位，并干维共四口。借文库有沐浴、冠带二位，并干维亦是四口。但冠带之位，与正文库相同，故二口共六位，总为十八水口也。

【问】：从何处推论八干之气？

余曰：亦不过从龙向耳。例如正针艮丙申寅午戌龙左旋者，为丙火气。缝针艮寅丙午丁未六向水倒右者，推丙火气也。

【问】：既有十八位水口，则出水之位甚多，而向向可消水矣。

余曰：不然，如艮寅向左水倒右，水出缝针甲卯乙辰巽巳六位，为正借文库则吉，若流出丙午为破旺而大凶也。向安可乱立耶！

【问】：生旺墓三向，何以复有衰向之说？

余曰：墓衰二向乃是辰戌丑未八位，以地支三合言为墓向，以八干流行之气言为衰向。例如未固为亥卯未之墓向，但坐丑朝未，甲之生气在亥，隔龙坐山之右，不能左旋而行至未。癸之生气

精解罗经三十六层

在卯，隔在坐山之左，不能右旋而行至未，故左水倒右，取丑左寅位丙火之气；右水倒左，取丑右寅位辛金之气，故谓未为丙辛二气之衰向也。

【问】：四十八龙有消不出之水口，奈何？例如左旋乾亥龙此甲木之气，甲木墓于未，今龙从未坤方起祖来，水焉能出未方乎？右旋癸丑龙，辛金之气也，辛金墓于辰，今龙从辰艮方起祖来，水焉能出辰乎？

余曰：水何尝俱从大墓口出也。水口分先后二天，大墓之口，从后天之口也；文库之口，为先天口也，俱可出水。左旋乾亥龙，水出壬子癸丑，右旋癸丑龙，水出辛戌乾亥，俱先天文曲四位也，如何有消不出之水欤？

【问】：文曲出水，吉有是说否？

余曰：第一位文曲诗曰，屯军山巧要低加，水去堆峰进横财。二位诗曰，武库山高远远青，明堂水去要无声。三位诗曰，屯兵山巧号军机，水去长流不可归。四位诗曰，宝马红缨近碧天，明堂水去旺田园。杨公曰："更看明堂来去水，文库大小须得位。"都是正确。

【问】：时师云，入山寻水口，但观水出何口，便知内中是何龙结穴。如水出辰口，便知内是左旋水龙，右旋金龙，何也？辛壬会而聚伏也？

余曰：此是大邪论！入出寻水口，原是峦头之说，水口紧里面宽，此则有地结，若水口反出，多不结地也。峦头地户闭之说。引以为理气之说大谬，若云水出辰口，便知内中是辛壬之气是。如水出巳丙，则内中是何龙之气乎！水出借库、文库者多，何曾必去四墓之说耶。

【问】：黄泉之水，有的说来，有的说去，如何？

余曰：黄泉者，坐山之墓杀也。乙丙向忌巽者，因辛壬山墓辰故也，故大忌来水，但黄泉之方，以静为妙，凡有动必凶，故有云，行其方有水来往，其方俱不为吉。然水去尚可，若水来则大凶矣。

【问】：时师云，乙丙防巽者，乙丙是四经金向，金生在巽巳，故忌水流巽方冲破长生。其说只忌水去吗？

余曰：此伪说也。四经金向有六，即子寅辰乾丙乙也，何以彼四向不忌巽，只乙丙二向忌巽乎！黄泉只有八干（甲、乙、丙、丁、庚、辛、壬、癸）向有向，忌四维（乾、坤、巽、艮）水来，去则吉，来则凶。是八干坐山，干有墓杀，故有黄泉也。四经乃好异之邪说罢了！

【问】：救贫黄泉之说，如何说？

余曰：此四句是司马头陀三合连珠之格，水诀曰："辛入乾宫百万庄，癸归艮户发文章。乙向巽流清富贵，丁坤终是万斯箱。"辛入乾者，辛向得庚水朝堂，流出乾方而去也，此是水格，与黄泉之说何涉？伪书说黄泉从四经出，忌水去，今此诀喜水去，四经之说不通，故硬扯此诀。另立救贫名色，文意其非耳！

【问】：司马水法，大异于曾杨之法，水法有没有二理耶？

余曰：司马水法，原是杨公奇贵贪狼二句之注疏，司马公因不解此二句，故撰成此诀以明之，岂有异哉！司马水法口诀为："辛入乾宫百万庄，癸归艮户发文章。乙向巽流清富贵，丁坤终是万斯箱。"上已说。

【问】：丙午向，水自艮寅来，出辛戌去，此火局生来墓去也，今司马贪狼格丙向，反要辛水上堂，出艮为贵，此是墓杀，倒冲长生矣，岂不大异于曾杨？

余曰：非也！正针丙向有二气，加巳者属巳，加午者属午，丙向加午向，宜艮来辛去，司马以加巳之丙向，巳是丁火之旺向，故取乎西长生之气从右来，流人丑艮墓方而去也。

【问】：彼何不言酉巳丑，而言辛丙艮，何也？

余曰：水格是贵局，只取轻清之气，故只用干维不用地支，维

183

辛丙艮则合八干流行，维护小神人中神，中神人大神之格。若来酉去丑，则水流地支非清贵之地矣，故司马不言酉巳丑也。

【问】：砂水同为龙穴之用，先师论水法甚略，然砂必有法，可得闻与？

余曰：水为龙之正配，其验速而大；砂为龙之奴隶，其效迟而轻，故先贤不大论砂法。砂水二位，水法从向，砂法从龙，以龙之生方高下占人丁，以官旺方高下占财禄，莫地高压为凶。如乾甲丁亥卯未六龙属木，左旋为甲木，甲生在于亥方，高则旺丁，甲官旺于卯寅，卯寅方高则旺财。右旋为乙木，乙生在于午方，高则旺丁，乙官旺于卯寅，卯富方高则旺财。杨公云："坎癸腾腾人亥乾，丙向来蛇扦。马虎兔山面耸顶，庄田置万顷。"右旋乾亥龙，系乙木之气，故云然也。水动而变多，法亦转折多端，砂则静而守位，这种说法亦直捷也。

【问】：古罗经有三十八将以论砂法，不知有验否？

余曰：此法其验！凡大地俱要用此法占断。如杭城坤中水土龙，酉辛方为文曲，艮寅方为谦贞，传国师云：文曲多山，俗尚虚浮，廉贞则主大巨持柄，廉贞系半山，其方为官国，主宰相之职。半山面向东北，反北杭城，故云：然。其后果出秦桧、贾斯道类等等。

河图四大局

木局水法

坐向甲，见乙水；坐向乙，见甲水。

上二法又合天地定位格。

火局水法

坐向丁，见丙水；坐向丙，见丁水。
上二法又合山泽通气格。

金局水法

坐向辛，见庚水；坐向庚，见辛水。
上二法又合雷风相薄格。

水局水法

坐向壬，见癸水；坐向癸，见壬水。
上二法又合水火不相射格。

陈子奇说：河图四局，既合天生地成，地生天成大数，而又与先天对待夫妇相合。凡地遇此，纯粹悠久，吉不胜言者也。

洛书四大局

水局水法

坐向坎（癸申辰同），见干水（甲同）。
坐向乾（甲同），见坎水（癸申辰同）。
火局水法坐向坤（乙同），见兑水（丁巳丑同）。

坐向兑（乙巳丑同）；见坤水（乙同）。

金局水法，坐向巽（辛同），见离水（壬寅戌同）。

坐向离（壬寅戌同），见巽水（辛同）。

木局水法

坐向震（辛亥未同），见艮水（丙同）。

坐向艮（丙回），见震水（辛亥未同）。

陈子奇说：河图以顺生，水木火金，各局本位。

洛书以逆克，火居金位，金入火乡，故洛书水木二局与河图同其纯粹，金与火二局，不无驳杂，然通冈峦秀拔，砂拱水朝，发福更觉宏大也。若遇本结构亦有三纪，中结构亦有六纪云。

先天对待四大局

天地定位

坐向乾（甲同），见坤水（乙同）。

坐向坤（乙同），见干水（甲同）。

山泽通气

坐向兑（丁巳丑同），见艮水（丙同）。

坐向艮（丙同），见兑水（丁巳丑同）。

雷风相薄

坐向震（庚亥未同），见巽水（辛同）。

坐向巽（辛同），见震水（庚未亥同）。

水火不相射

坐向离（壬寅戌同），见坎水（癸申辰同）。

坐向坎（癸申辰同），见离水（壬寅戌同）:。

陈子奇说：洪荒已极，渐从极中，荡摩出来，得此四局方能感天地，方能生万物，固造化三原，气之本也，故地得此格为上局云。

后天合十四大局

二八合十

坐向坤（乙同），见丙水（艮同）。

坤向丙水，须丙三午七。乙向艮水，须艮三寅七，兼合辅星卦，贪狼也。

坐向艮（丙同），觅乙水（坤同）。

艮向乙水，须乙三卯七。丙向坤水，须坤三未七，兼合洛书天一生数也。

三七合十

坐向兑（丁巳丑同），见庚亥未水（震同）。

坐向震（庚亥未同），见丁巳丑水（兑同）。

三七之局，纯粹无疵。

四六合十

坐向乾（甲同），见辛水（巽同）。

乾向辛水，须带戌，兼合先后天水。甲向巽水，须带辰，兼合雷辅星卦狼水。

坐向巽（辛同），见甲水（乾同）。

巽向甲水，须带卯，辛向乾水。带亥，兼合雷风相薄水。

一九合十

坐向坎（癸申辰同），见壬寅戌水（离同）。

坐向离（壬寅戌同），见癸甲辰水（坎同）。

陈子奇说：凡遇续弦及偏房，急于蕙嗣者，用合十法立效。若亦偏有子，欲其均发，莫妙于一九合十之局。盖一与九合在先天，则局在后天此局，壬癸二干仍同河图水局，而以离坎卦又无消无灭，且先天二东一西非隅角：后天二南一北。局居四正，此坎离二卦龙、穴、砂、水大地居多也知此理，多以阳龙忽视之，可惜也已。

原先天后天相见之义

张九仪说：先天卦位；地理之体也；后天卦位，地理之用也。然有体不可无用，而有用方能明体自古圣圣相传：龙神之转换，向首之转移，水法之去来，砂位之朝拱，总不外体用互见之旨。

是故。一乾也，先天居正南离位，后天居西北艮位，则离即先天之乾艮即后天之乾，是不独乾甲为乾也，即离壬寅戌与艮丙皆为乾已。

一坤也，先天居正北坎位，后天居西南巽位，则坎即先天之坤，巽即后天之坤，是不独坤乙坤也，即坎癸申辰与巽辛皆为坤已。

一坎也，先天居正西之兑，后天居正北之坤，则兑即先天之坎，坤即后天之坎，是不独坎癸申辰为坎也，即兑丁巳丑与坤乙皆为坎已。

一离也，先天居正东之震，后天居正南之乾，则震即先天之离，乾即后天之离，是不独离壬寅戌为离也，即震庚亥未与乾甲皆为离已。

至于震也，先天居东北艮方，后天居正东离方，则艮即先天之震，离即后天之震是震庚亥未固震也，即艮丙与离壬寅戌亦震已。

至于巽也，先天居西南坤方，后天居东南兑方，则坤即先天之巽，兑，即后天之巽，是巽辛固巽也，即坤乙与兑丁巳丑亦巽已。

至于艮也，先天居西北乾方，后天居东北震方，则乾即先天之艮，震即后天之艮，是艮丙固艮也，即乾甲与震庚亥未亦艮已。

至于兑也，先天居东南巽方，后天居正西坎方，则巽即先天之兑，坎即后天之兑，是兑丁巳丑固兑也，即巽辛与坎癸申辰亦兑已。

先后二天相见之原如此，所以《催官篇》说：催宫第一天皇龙，博龙换入天市东。

天皇，亥也；天市，艮也。亥即震也，震博艮是后天入先天也。《玉尺径》说：坎得丁坤而发贵，坎见丁为先天，见坤为后天也。《天玉·内传》乾山乾向水流乾乾上高峰出状元。言乾龙午向，寅甲木来，戌水去，丙方峰起，为先天后天相眷属一家也。而吴景鸾《夹竹梅花》更谁言奈世人能读诸仙书，而不能解书之意，遂谓渺茫无据而拘拘，然单泥四水之一法，其亦正义未闻而不得明师以授之耳。予迷杨、曾之道久晦于时，故不敢秘咨而泄言之，以广师训云。

乾宫

龙向克水，皆在此中，然《夹竹》却在中言穴去，予博考仙迹，并不拘泥，篇中不言穴字。

坐向乾（申同），见离（壬寅戌同），见艮（丙同）。

坎宫

坐向坎（癸申辰同），见兑（丁巳丑同），见坤（乙同）。

艮宫

坐向艮（丙同），见乾（甲同），见震（庚亥未同）。

震宫

坐向震（庚亥未同），见艮（丙同），见离（壬寅戌同）。

巽宫

坐向巽（辛同），见坤（乙同），见兑（丁巳丑同）。

离宫

坐向离（壬寅戌同），见震（庚亥未同，犯破）。见乾（甲同）。

坤宫

坐向坤（乙同），见坎（癸申辰同），见巽（辛同）。

兑宫

坐向兑（丁巳丑同），见巽（辛同），见坎（癸申辰同）。

陈子奇说：先后一家之义，合龙、向、砂、水而言者也，凡地遇此格者，定产台阁大臣，世代科甲，子孙繁衍；历久不替。然水宜合向，不可驳杂，固明篇中以救斯世法必须口传，方得真正之位，不然则有以巽为辰，以未为丁者多已，宜细审之。

先后天相见日月四大局

卯龙

见坎砂（先天之日，喜觅后天之月也）。

坎龙

见卯砂（后天之月，喜见先天之日也）。

离龙

见酉砂（后天之日，喜见先天之月也）。

酉龙

见离砂（先天之月，喜见后天之日也）。

陈子奇说：此四大局，即《催官篇》言：日月不起太阳高，太阴得水贵还嚎二句中，日月起也。

纳甲水八大局

离宫

坐向离，见壬寅戌水。

坐向壬寅戌，见离水。

凡本卦向见所纳之水，为子来顾母之义。纳甲向见本卦之水，为母来顾子之义。

坎宫

坐向坎见癸申辰水。

坐癸申辰，见坎水。

震宫

坐向震，见庚亥未水。

坐向庚亥未，见震水。

兑宫

坐向兑，见丁巳丑水（忌巳煞并丑煞）。

坐向丁巳丑，见兑水（忌巳）。

乾宫

坐向乾，见甲水。
坐向甲，见乾水。

巽宫

坐向巽，见辛水。
坐向辛，见巽水。

艮宫

坐向艮，见丙水。
坐向丙，见艮水。

坤宫

坐向坤，见乙水。
坐向乙，见坤水。

纳甲归元水八大局

卯龙：见庚水。巽龙：见辛水。
离龙：见壬水。坤龙：见乙水。
兑龙：见丁水。乾龙：见甲水。

坎龙：见癸水。艮龙：见丙水。

陈子奇说：以上八归元水，即催官水也。杨、曾口诀首重之位，内卦除坎龙癸水，不能逆收外，余卦若见归元水，即迎水立向，不独发富而且还催官贵。

天干化合五局

化土：俱要坤砂高，得天财土更妙。甲龙，见坤丑未水。坤丑未龙，见甲水。

化金：俱要庚酉砂高，得太阳金更妙。乙龙，见庚水。庚龙，见乙水。

化水：俱要壬子砂高，得文曲水更妙。丙龙，见辛水。辛龙。见丙水。

化木：俱要甲卯砂高，得贪狼木更妙。丁龙：见壬水。壬龙，见丁水。

化火：俱要丙午砂高，得廉贞火更妙。艮辰戌龙，见癸水。癸龙，见艮辰戌水。

陈子奇说：凡干支化合，如化土则喜土位，见土砂。化火则喜火方见火峰。所谓用斯神喜见斯神，也。《罗经秘窍》言，火局喜水从午来，水局喜水从子来，则水路中自生破害驳杂之病，作祟匪轻已。然有水会化合，面化之方无高砂者则为小乘，非发大富大贵者也。

土局

子龙，见丑水（子龙见丑水，即立阴向以消之，若得丙向更吉）。

丑龙，见子水（丑龙见子水，即立阳向以消之，若得坤向尤妙）。

木局

寅龙，见亥水（寅龙见亥水，即立阴向以消之，若得庚向尤妙）。

亥龙，见寅水（亥龙见寅水，即立阳向以消之，得辰向更佳，俱喜见东方木砂）。

火局

卯龙，见戌水（卯龙见戌水，即立阳向以消之，若乾若坤更佳）。

戌龙，见卯水（戌龙见卯水，即立阴向以消之，若艮若巽龙妙，俱喜见南方火砂）。

金局

酉龙，见辰水（酉龙见辰水，即立阳向以消之，若乙若坎更佳）。

辰龙，见酉水（辰龙见酉水，即立阴向以消之，若庚若亥尽美，俱喜见西方金砂）。

水局

申龙，见巳水（申龙见巳水，即立阴向以消之，若丙若卯艮最美。巽向大忌，见屠戮）。

巳龙，见申水（巳龙见申水，即立阳向以消之，若坤为第一，戌亦妙，俱喜见北方水砂）。

阴阳合璧局

未龙，见午水（未龙见午水，即立阳向以消之，只乾甲不喜，喜卯方见太阳砂）。

午龙，见未水（午龙见未水，即立阴向以消之，喜酉方见太阳砂）。

陈子奇说：局中龙水相合，除不能逆收外，若峦头形势可以逆朝，则如卯龙戌水来，即坐辰朝戌而见丁方火宿；戌龙卯水来，即坐酉朝卯而见丙午方大宿。辰龙酉水来，即坐卯朝酉而见庚酉方金宿；酉龙辰水来，即坐戌朝辰而见辛方金宿。申龙巳水来，即坐亥朝巳而见丑亥方水宿；巳龙申水来，即坐寅朝申而见丑亥方水宿。亥龙寅水来，即坐申朝寅而见寅辰方木宿；寅龙亥水来，即坐巳朝亥而见寅亥方木宿。

《六神篇》云：独虎、天门、戴木、台阁、风清，即此局也。由此推之，火局水来即起火宿，金局水来即起金宿，亦妙！然又不能巧合，但有美砂亦发，不然，无砂有水，惟富而已。至于每龙入首，有太阳之砂为催官荐福，而每月太阴、太阳对望之水与合璧水同美。如寅龙，太阳在子，太阳对望在午，依次推之，可见辰龙太阳在戌，太阴对望，即在本山。戌龙太阳在辰，太阴对望，即在本山。丑龙太阳在本山，太阳对望在未，未龙太阳在本山，太阴对望在丑，惟此四山两相互换，美中之美，故详述之于左。

原刑、冲、破、害之例

子刑卯，卯刑子。

丑刑戌，戌刑未，未刑丑。

寅刑巳，巳刑申，申刑寅。

此三刑也。

子午一冲，丑未一冲，寅申一冲，

卯酉一冲，辰戌一冲，巳亥一冲。

此六冲也。

子未一穿，丑午一穿，寅巳一穿，

卯辰一穿，申亥一穿，酉戌一穿。

此六害也。

子破卯，卯破午，午破酉，酉破子。

此四破也。

张九仪说：刑、破、害三局，有龙与水相刑、相破、相害者，如卯龙与子水形破）、辰水（害）、午水（破），是也。有向与水相刑、相破、相害者，如午向与卯水、酉水（破）、丑水（害），是也。有水与水自相刑、相破、相害者，不拘阴向、阳向，如申水来矣，而寅水（冲刑）、亥水（害）、巳水（刑），或大或小，或来或去，或凝聚是也。阴向遇阴水之刑冲破害者轻，遇阳水之刑冲破害者重。阳向遇阳水之刑冲破害者轻，遇阴水之刑冲破害者重。遇破害之局，主人财消乏与冷退，遇刑冲之局更犯刑戮徒配。然冲者，龙向俱无，惟水局如上法推之，午向而酉来卯去，亥向而寅来申去之类，俱不为吉。

三刑凶水三局

无恩刑　坐向寅，见巳水。坐向巳，见申水、寅水。坐向甲，见巳水。

恃势刑　坐向未，见戌水。坐向戌，见丑水、未水。坐向丑，见戌水。

无礼刑　坐向子，见卯水。坐向子，见卯水。

陈子奇说：三刑水法，向水相刑，固为祸烈，即水与向无涉，而水路有自相刑者，亦不吉。如子水悠扬朝拜，或立癸向、壬向，三房聚发固吉已，忽卯上有小涧水，或田畔水，或山脚小陇水，从腰中插入，或有水路从此流出，则长房必消耗而绝，不可不察。惟立穴时挨左挨右，将卯水挨到甲上，或到乙上，则长房与三房齐发已，余俱仿此。

六害凶水十二局

坐向亥，见甲水。若向壬、向戌，合水火不相射水。

坐向申，见亥水。若向庚、向水，合纳甲本卦水。

坐向巳，见寅水。若向辰，合水火不相射水；若向乙，合辅星卦贪狼水。

坐向寅，见巳水。若向庚，合山泽通气水。

坐向酉，见戌水。即向戌，合辅星卦辅弼水。若向申，合水火不相射水。

若向壬，合纳甲水。

坐向戌，见酉水。即向酉，合辅星卦辅弼水。若向庚、向亥，皆为合十。

若向辛，即绝戌巳。

坐向辰，见卯水。即向卯，合辅星卦辅弼水。若向巽，合雷风相薄水。

若向艮，合三来会入生数水。

坐向卯，见辰水。即向辰合辅星卦辅弼水。若向乙，合先后天相见水。

若向甲，合辅星卦贪狼水。

坐向午，见丑水。丑午子未，犯之者少。若向丙，合山泽通气水。若向巳，合纳甲本卦火。然向巳入少才少巳。

坐向丑，见午水。若向寅，合纳甲本卦水。

坐向子，见未水。若向亥，合纳甲本卦水。

坐向未，见子水。若向坤，合先后相见水。向申，合纳甲本卦水。

　　陈子奇说：以上六害水，若水神明大，或田原仓坂，或溪涧塘池，皆可改向，反凶为吉者也。所虑者，如申水朝拜悠扬而来，即迎水立向，三房发福已，而小沟渎田角从亥上流动，则长房必至暗消少丁，此处不得不用工力，培以遮之。若立穴时，挨亥在乾，或在壬则全美矣余皆以此类推之。至于亥水从申去，子水从未去，午水从丑去，巳水从寅去，辰与卯并来，戌与酉齐至皆不可下穴。

第五章

玄空风水常用罗盘杂说

钱塘沈竹礽制三元蒋盘简式。

罗盘图说：

一层：洛书

二层：先天八卦

三层：二十四山

四层：兼向替卦

五层：先天六十四卦

六层：十二次舍

七层：二十四候

八层：山向飞星六爻分金

九层：六十甲子纳音分金

文中写得最详细的，便是第三层，二十四山的阴阳。这阴阳是非常重要的，用来配合"颠颠倒"一诀。一至九运的宅命图之顺逆挨排，皆要参照这一层二十四山的阴阳。玄空三元大卦分为天、地、人三元，每元卦纳八山，四山为阳，四山为阴。

天元卦——子午卯酉属阴；乾坤艮巽属阳。

地元卦——辰戌丑未属阴：甲庚壬丙属阳。

人元卦——乙辛丁癸属阴；寅申巳亥属阳。

天元卦为父母卦，顺子是顺时针之人元卦，逆子是逆时针之地元卦。

比如：坎方有壬、子、癸三卦山，子取中位，为天元卦亦即是父母卦，而癸山为顺时针数去的山，此山在坎卦之内，名顺子。而壬山为逆时针数去的山，此山也在坎卦之内，名逆子。

天为父母，人为顺子，地为逆子。

三合之盘并未有误，误于后人不知天机，死执五运之盘，以为运运如此，置八卦摩荡之理不顾。好奇者又增加名目，为江湖谋食之具，将杨公真理气一笔抹煞。

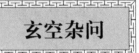

玄空杂问

【问】：何谓玄空风水？

答曰：玄空二字，传亦久矣，诸子百家解此二字的甚多，皆未准确。杨子法言曰："玄者一也。"此系明解，至空之一字尤为难解。然空非真空，空中亦有所凭藉。西方佛学家讲："色不异空，空不异色，色即是空，空即是色，受想行识，亦复如是。"则空非凭藉于五蕴不可也，即凭藉五蕴是空即有物矣。此西方圣人与东方圣人之理同也。然空之凭藉即窍也，窍有九，故曰九窍，是玄空二字，自一至九之称谓也，一至九非定数也，有错综复杂，参伍存乎其间，故以玄空二字代之。

【问】：罗经之二十八宿、二十四山、九州有所有根据的吗？

答曰：有。江西信州学有石本《六经图》。"仰观天文图"注云：伏羲氏仰观天文以画八卦，故日月星辰之行度、运数、十日四时之属，凡丽于天之文者，八卦无不统之，按图中斗振天而进今之贪、巨、禄、文、廉、武、破、辅、弼。本之以冬至日起，日绕斗、牛、女、虚、危、室、壁、奎、娄、胃、昴、毕、觜、参、井、鬼、柳、星、张、翼、轸、角、亢、氐、房、心、尾、箕而行，此二十八宿之证也。又"俯察地理图"注云：俯察地理以画八卦，故四方九州，鸟兽草木、十二支之属，凡丽于地之理者，八卦无不统之。按图中以离为南，坎为北，兑为西，震为东，此四方也。又以坎为冀，艮为兖，震为青，巽为徐，离为扬，坤为荆，兑为梁，乾为雍，中为豫，此九州也。坎北壬子癸，艮居东北，在丑寅之间；震东甲卯乙，巽居东南，在辰巳之间；离南丙午丁，坤居西南，在未申之间；兑西庚酉辛，乾居西北，在戌亥之间，而二十四山定矣，此二图均用后天八卦。

【问】：在杭领教数月余，始知三合之误，盘上卦气干支出于唐时信州石刻。兹得《六经图》已无疑义，惟蒋盘中诸字红阳黑阴，干则阴阳相间，丝毫不爽。至乾巽艮坤四卦，先天卦数乾一巽五艮七坤八，则乾巽艮虽为阳，而坤则明明为阴；后天卦数乾六巽四艮八坤二，以数论则无一字不为阴，而蒋盘为阳，此一大疑问也。至地支各字既非阴阳相间，往往阴字为阳，阳字为阴，各书均未明言。近日学习三合者皆非之，究竟其理安在？

答曰：大哉问也，此理至今无人道破，予曾著说论此，然偏重于易理，不能为不知者说明。今姑以易理之浅显者言之，罗盘之体，河图也；元运之用，洛书也；用替卦则挨星也。今先从干上说。

天一生壬水，地六癸成之，则壬为阳，癸为阴，故一六共宗而居北。

地二生丁火，天七丙成之，则丙为阳，丁为阴，故二七同道而居南。

天三生甲木，地八乙成之，则甲为阳，乙为阴，故三八为朋而居东。

地四生辛金，天九庚成之，则庚为阳，辛为阴，故四九为友而居西。

天五生戊土，地十己成之，则戊为阳，己为阴，故五十同途而居中。

此即所谓阴阳相间，丝毫不爽者也，若未明此理，即属于皮毛之谈。至乾巽艮坤四卦，蒋盘字字属阳，此系河图洛书之大用，因一六共宗，合之为七，奇数（奇即是单，属阳），故乾属阳。二七同道，合之为九，奇也，故坤属阳。三八为朋，合之为十一，奇也，故艮属阳。四九为友，合之为十三，奇也，故巽属阳。此四卦属阳之讲明矣。

再言支之阴阳。有以为阴阳相间者，有以为子午卯酉四正为阳，寅申巳亥辰戌丑未四隅为阴者，其实皆非也，世人之误在此。世之言命理者，犹知支内藏干，而讲盘理者，乃未之知可怪也。昔日予作二十四山，生成合十表，以明挨星之用，然人终不易领会，今以支中藏干证之。

如子午卯酉四正，子藏癸、午藏丁、卯藏乙、酉藏辛，四干皆阴也，对待亦合十也。

寅申巳亥，寅藏甲丙戊、申藏庚壬戊，巳藏丙庚戊、亥藏壬甲戊，无一字非阳，亦无一字不合十也。

若辰戌丑未，辰藏乙戊癸、戌藏辛丁戊、丑藏癸辛己、未藏丁己乙，以支论，辰戌原系阳土。与戊比和，丑未原系阴土，与己比和，然受乙癸辛丁及癸辛丁乙之分，变使之无力，而纳于阴中，以尽天地化言之妙，易之用大矣哉！

沈祖绵谨案：寅申巳亥四字，寅顺比甲，隔八到丙，故寅藏甲丙，甲丙阳也，故寅为阳。

申顺比庚，隔八到壬，故申藏庚壬，庚壬阳也，故申为阳。

巳顺比丙，隔八到庚，故巳藏丙庚，丙庚阳也，故巳为阳。

亥顺比壬，隔八到甲，故亥藏壬甲，壬甲阳也，故亥为阳。

若辰戌丑未四字，辰逆比乙，隔八到癸，故辰藏乙癸，乙癸阴也，故辰为阴。

戌逆比辛，隔八到丁，故戌藏辛丁，辛丁阴也，故戌为阴。

丑逆比癸，隔八到辛，故丑藏癸辛，癸辛阴也，故丑为阴。

未逆比丁，隔八到乙，故未藏丁乙，丁乙阴也，故未为阴。

惟寅申巳亥辰戌丑未八字，星命家所用遁藏内有戊己，罗经中戊己无定位，辨明天门地户之生死，皆藉戊己之流通而已。

【问】：罗经所载星宿度数，究究有用否？

答曰：丛辰之说，三代以前已有之，然未有如今日之繁多也，岂知天文是天文，地理是地理，二者不能相混。易经与周官所写的春秋传均不言丛辰之说，有以为汉时所伪造，其说可信。盘中度数，不若用西洋至天文家所谓三垣二十八宿、二百八十三座星官、一千四百六十四星、一万一千五百二十微星，然以望远镜窥之，天河已恒河沙子于今数，岂能某山某向与天星相照？我常想，上律天时，下袭水土，律天时者，即知元运之谓也。不曰天星，而曰天时，时之一字，何等明白。赖太素《催官篇》所引丛辰之名，不过一种好奇之作，藉以欺人，一言道破，不值一笑。读吾宗《梦溪老人笔谈》云：天事本无度，推历者无以寓其数，乃以日所行分天为三百六十五度有奇，予推广其义曰，地理无度，测地者无以寓其数，乃以地所旋日分为三百六十五度有奇而已。

【问】：三垣二十八宿，书多引用，一旦废去，未免可惜。

答曰：三垣者，紫微、太微、天市是也。二十八宿者，东方苍龙七宿：角、亢、氐、房、心、尾、箕；北方玄武七宿：斗、牛、女、虚、危、室、壁；西方白虎七宿：奎、娄、胃、昴、毕、觜、参；南方朱雀七宿：井、鬼、柳、星、张、翼、轸。宋吴景鸾《玄空秘旨》虽略有提及，仍以卦理为断，视垣局星度，不过如食物之鸡肋，弃之亦不足惜也。

【问】：天文地理二图以证罗经所本，何以用时，方向又须转移？

答曰：后天卦即五入中宫之盘也，气运不同，须颠倒求之。如二运坤震，一到巽，二入中宫，三到乾，四到兑，五到艮，六到离，七到坎，八到坤，九到震，一到巽，余运依此类推。经云："识掌模，太极分明必有图。"此言五入中宫，即洛书也，然每运入中不同，一运一入中，二运二入中，余运仿此，天心八易是耶。

【问】：《灵城精义》末云：有已传之三盘，有不传之三盘，此何解？

答曰：已传之三盘，即五运洛书之盘，不传之三盘，乃每运令星入中之盘，随运而易，所谓玄空是也。蒋大鸿盘中所列之九星（可作二十四山各字读之），即五运之盘，乾卦三字皆武，五黄在中顺挨也；巽卦三字亦武，挨逆也。欧阳纯谓，乾起贪于巽，巽起贪于乾，令人百思不解。不过以贪为九星之首，代表九星而已。

【问】：三合盘上，中缝两针之理何解？

答曰：杨公当时造此盘，实为凡夫庸子所用，其诀早已失传。以致今日附会正针立向，中针拨砂，缝针纳水。昔人已知拨纳砂水之非此，未能辨正其谬，此两盘实系左兼右兼之用也。正针乾山巽向，中针即指乾兼亥之理，缝针即指亥兼乾之理，并非言向也。学者明此，则穿山七十二龙，盈宿六十龙，一百二十分金，始有理可推矣。总之盘理"下卦"、"起星"截然分为两途，正针用于下卦也，中缝二针用于起星也。不明此理，而乱用于拨砂纳水，则砂与水无一不在空亡之中矣。有谓中缝二针，系一进一退，其说亦合，或谓此盘系明朝初年江西术士杨大年手制实误。

【问】：罗盘中有用连山易、归藏易者，究竟合否？

答曰：易之用在后天，关键在二八易位。所谓二八易位者，乃离至乾为九二七六，坎至巽为一八三四，易位则离至乾九八七六，坎至巽为一二三四，其神妙不测的地方在此。学者谓连山、归藏与周易为三易，各不相同。某以为伏羲画卦后只有一易，连山首艮，归藏首坤。细绎其理，水过二八易位，一种变化而已。炎帝纪谓：始万物，终万物，莫盛于艮，艮东北之卦也。故里艮而为始，所谓连山易也，故亦曰连山氏。艮在东北系后天方位，则炎帝时已有后天矣。古人谓先后天同时并出，可知后天不是自文王开始，连山亦非夏易，乃二八易位致用而已。宋时凡民间所藏阴阳五行之书，悉收入内府，不得私藏。想炎帝时就有流传此说非伪造，可知今日连山归藏尚有佚本，究莫辨真伪，盘中列之真，可谓无知妄作。

【问】：蒋盘冬至何以居寅之半，有错否？

答曰：冬至子之半，尽人知之。今蒋氏盘中所载之节气，即太阳躔度过宫之时，刚好相反是用于选择也，如子一宫为玄枵子宫十五度，立春太阳过癸到子，躔玄枵之次之类。

【问】：二十八宿可合二十四山否？

答曰：当初颇合，坎宫危、虚、女；离宫张、星、柳；兑宫毕、昴、胃；震宫心、房、氐，四正之卦共得十二宿。至四维卦，每卦得四宿，共十六宿，合之为二十八宿。如乾宫为娄、奎、毕、室；巽宫为亢、角、轸、翼；艮宫为牛、斗、箕、尾；坤宫为鬼、井、参、觜之类。今因岁差之故，度已改矣。

【问】：天地先天卦为坤乾，后天卦为坎离，何也？

答曰："天地之始水火而已。"坎水也，而中有一阳戊土，离火也，而中有一阴己土，坎离交，戊入离中成乾，故位乎上。己入坎中成坤，故位乎下。乾之后天离也；坤之后天坎也。坎一离九，合为十；中藏戊己五，共成十五，类推之。乾六、巽四，坤二、艮八，震三、兑七，合而为十。通戊己之数，均成十五，先天后天其揆一也。

【问】：洪范之说似与九宫无涉。

答曰：圣人神道设教，惟假借物以明理，而不拘于物立象，以尽意而不泥于象，非神而明之之人，其孰能与于斯？洪范皇极之建在戊己二字，戊己地也，环天人之会而建其极，故九畴之数，亦生成合十，枢于中五之皇极，而天人交贯于其中者也。

【问】：生成之数究有根据否？万物土中生，万物土中死，二语究合于易否？

答曰：易曰，天一、地二、天三、地四、天五、地六、天七、地八、天九、地十，乃五行生成数也。然学易者有以为穿凿，惟子华子言之凿凿，其云：天地之大，数莫过于五，莫中于五，盖五为土数，位居中央，合北方水一则成六；合南方火二则成七；合东方木三则成八；合西方金四则成九。云云。后人以子华子为伪书，然即伪亦汉时人语也。

天地者，单数为天，故一、三、五、七、九为天。双真数为地，故二、四、六、八、十为地。盈天地万物莫不与易相通，此即天数五，地数五，五位相得而各有合，合之一字，即为生死之关键，如乾坎合一六，六去一为五；坤兑合二七，七去二为五；巽离合四九，九去四为五；震艮合三八，八去三为五，与中央戊五相合则天地数，咸五矣，此死中求生也，然乾去五为一，与坎一同，离兑艮亦复如是，此生中求死也。

则先谨说，沈公此说，发河洛之精蕴，今之研究玄空者，殆能知八国（八个方位）间配合生成与寄宫矣。然究未明生成数之错综参变，不离于五，天数地数合之亦各为五之义，五为戊己土，是故万物不能逃于土也。

【问】：生成合十究有何等功效？

答曰：天地之数与五行气通，此五与十之数，数以数神，神以数显，一阴一阳之谓道，二气交感化生万物，生生不已，而变化无穷焉。而其所以生者，实戊己之功，用合十者皆藉戊己之力，气运得此，则触类旁通，运运贞吉矣。玄空风水最忌者上山下水，最喜者到山到向，寅葬卯发者是也，然自二运至八运。天地人三元均有旺山旺向，而一九两运独无，实为缺憾。今考妇合十，则一九运有乾巽巳亥，二八运有丑未，三七运有子午癸丁，四六运有庚甲，三元九运中全局合十者，共得二十四山向，是可补旺山旺向之缺憾矣，愿学者择而用之可也。

【问】：玄空风水照神若何？

答曰：照神即城门也。如酉山卯向，以艮为城门，即三八为朋也。子山午向以巽为城门，即四九为友也。卯山酉向以坤为城门，即二七同道也。午山子向以乾为城门，即一六共宗也。此为正城门。若取偏格，如卯山酉向，在九运中乾方天盘为一，一亦可作城门论，乾之地盘为六，与天盘之一合成一六共宗，是方有三叉水映照，亦作有势力之城门论。因一之天元即子，子阴入中逆行，并得旺星到乾故也。余类推。

【问】：四十八局，自分运逐一挨排，然后深信不疑，未知另有他诀否？

答曰：惟有城门一诀，凡挨星令星上山下水者，皆阳入中顺行。令星到山到向者，均阴入中逆行。故城门遇阴入中，即可将旺星排到。如葬时正逢兵乱，可排城门一诀。若旺星到城门，亦可草草下葬，否则，不如择空旷之地，以当旺之山向暂厝，尚能保人家之安吉也。

【问】：《玉尺经》之四大水口，蒋氏已辟其谬矣。顷见吾师断

某氏墓，重言四大水口之妙，岂蒋氏亦有误欤？

答曰：蒋氏不误，予更不误，今日三合家所云，辰戌丑未四大水口，只要用于五运即不误矣。因五运此四字均属阴，以城门一诀断之，字字当令，岂非全美？予昨断之墓，即五运所扦，故云四大水口，处处当令，若他运则不合用矣。

【问】：辰戌丑未四大水口，五运用之不误，已明其理。然则寅午戌、申子辰、巳酉丑、亥卯未，三合之水局，五运中亦可用乎？

答曰：否否。寅申巳亥在五运中，字字阳也。子午卯酉、辰戌丑未，在五运中，字字阴也。何以能合？蒋氏辨四大水口，开宗明义即云：夫四大水口有至理存焉。可悟五运中之四大水口，辰戌丑未也，子午卯酉也，乙辛丁癸也，明明白白，不过蒋氏隐而不显耳。

【问】：五运中何以有十二山向可用？

答曰：天地至奇之理，莫如易，五运五入中，太极也，皇极也。故天元龙有子午、午子、卯酉、酉卯，四山向四正也。地元龙有戌辰、辰戌、丑未、未丑，四山向，四隅也。人元龙在天地之中又有乙辛、辛乙、丁癸、癸丁，四山向，造化之妙，有人力所不可测者矣。

【问】：分金时何以不用后天卦？

答曰：文王后天六十四卦非讲明体也，乃入用之位，即我们常说的，先天为体，后天为用，故不用后天方位，因为先天大体已立，分金则细微事耳。

【问】：分金时所用甲子、甲戌、甲申、甲辰、甲寅五位，用法若何？

答曰：此纳音也，每爻藏金木水火土五行，取不足宜补，有余宜泄而已，与先天六十四卦当互相对照，求无反对即可矣。张心言谓六十四卦，蒋氏不露只字，岂知挨星盘盘皆六十四卦，惟张氏所言之六十四卦只可于葬时分金用之，所谓交不交是也。总之分金正法，宜将六十四卦中与运星无反伏吟者用之，斯尽善矣。

【问】：张心言辨正疏载方圆二图，谓邵氏所得陈希夷者，是否？

答曰：按六经图即有此图，注云，右伏羲八卦图，王豫传于邵康节，而尧夫得之归藏初经者，伏羲初画八卦，因而重之者也。八卦既重爻在其中，其图与张心言所载者，丝毫不爽。张氏谓邵氏得之陈希夷，不知所本。六经图又有六十四卦天地数图，与王豫所传之图同，不过无卦名而以数字代之，如否为一八，萃为二八，晋为三八，豫为四八，观为五八，比为六八，剥为七八，坤为八八（先天卦数），余类推，此图分金当用之。

志伊谨案：先生分金法晚年只用，章仲山《心眼指要》所载蒋盘图于二十四山下，每一山分作两格，载明甲子。先生则分作五格，左右中三格无字，中格两旁仍列原有甲子，其实无字之格，暗含甲子，特省文耳。如天人两元兼向者，分金时范围较广，惟地元分金最难，用右边有字处即出卦，左边有字处即阴阳差错，惟中格无字处方免此弊，时师不时此理，以为无字处为空亡不用，谬矣。戊戌政变，蛰居沪上，厌闻新法，与曾君廉泉邀游山水间，秋八月寓苏州穹窿观，雨窗无聊偶谈玄学。杨氏不言分金，而子及之何也？杨氏非不言此，不过杨氏当时之法与今三合家所谈迥异耳。今之三合盘实杨公手创，其进一层退一层均有深意，例如现值二运乾巽为旺，同此一卦，而戌辰三运为旺，此进一层也。丑未为旺，至四运则艮坤为旺，此退一层也。二十四山则指洛书而言，或进或退则指河图而言，后人不察，妄将阴阳各字窜改，增加分金名目，若一一为之订正，则三合盘并无讹处，不过既明天心，视此如累赘，不必用此若功耳。

【问】：经传中未言分金，吾子何苦多此一层魔障？

答曰：《青囊奥语》中知化气生克制化，须熟记，实指分金而言，且何令通《灵城精义》亦言之，至蒋氏盘铭五德为纬，四七为经，宫移度改分秒，殊情亦指分金而言，况且章仲山《心眼指要》所载，蒋氏盘式，即备分金之用，又何疑乎？

【问】：《心眼指要》所载盘式与姜氏从师随笔分金表不合，此何故欤？

答曰：从师随笔之分金表，想系蒋氏早年所定，至晚年乃用此盘耳。

【问】：《心眼指要》所载之分金表，如子字之下，仅列丙子、庚子二项，而吾子以为五格，岂中格空亡，吾子亦用之乎？

答曰：此纳音也，其法详吾祖梦溪老人笔谈（笔者注：即沈括《梦溪笔谈》）中纳音与纳甲同法，学者可在笔谈中求之。五格者如子字下为甲子、丙子、戊子、庚子、壬子。每格三度，若空中不用，必欲兼丙庚丁辛，做向时，格内则无一字不兼左兼右。天元人元之龙犹可，若地元龙则永无正格矣，所以说此不可不察者也，不足信。

【问】：分金之用法如何？

答曰：易之理，盈虚消息尽之学者，将此四字，取不足宜补，有余宜泄足矣。

【问】：张心言六十四卦，吾子以为分金之用，如用纳音何必再用卦理？

答曰：此六十四卦用先天卦，若定卦（即天心正运）分星（即坤壬乙一诀）之后，将卦象排列，若与六十四卦成反伏吟者，则避之。其用法与用纳音微有不同。此为真分金。

【问】：吾子昔以张心言之法为伪，今以为可用，何耶？

答曰：张心言之法用于下卦、起星、城门则伪，用于避反伏吟则不伪矣。分金之法，万不可废，不过三合家所说之分金，只能用于五运，他运则不能用，时须将天地山向四盘，视其有余不足调剂之，若执一板格用之，恐失玄空活泼泼地之旨矣。子以分金法为蒋氏章氏所未言，不知章氏辩证直解中，知化气生克制化须熟记一段，即分金要义也。子平日奉章为圭臬，一字一思即知予言之不谬矣。

【问】：《心眼指要》所载分金仅三合盘之一种，子言与三合盘不误何也？

答曰：章氏所载仅五运元旦盘之分金，即定卦之盘也。蒋氏手创此盘，不过由博而约，使人易明其理，知此可悟其余各运分金之用，可惜学者一昧于古义，茫然不解耳。蒋章二氏皆以三合为非，而于三合家所执之盘，不以为非，可见此盘固无可议者也。

【袁香溪丈问】：在上虞追随半年，始悟玄空入门之诀，四十年疑窦一旦尽释，弟因葬亲始学习斯道，前十余年误于三合，后念余年，误于玄空伪术，行年六十始知五十九年之非，朝闻道，夕死可矣！弟之谓也。昔日为人卜葬者四十余处，自闻道后，终日跋涉山川，知合法者只有四处，然当年亦未明其理，无非葬者家有阴德，偶中而已。合城门者四处，其家业尚不替，余则零正失宜或阴阳差错或出卦或犯反伏吟，皆家业凋零或身罹残废或破财损丁，昔以为龙真穴的，何至如此。今始悔昔日以庸术杀人，现在选择其可用者为之改正，至衰运各地实在不能补救者，为之措资迁葬，以赎前愆而已。

昨过福祈山拟作竟日之谈，正值兄有天台之游，闻须半年始归，怅然而返，兹特奉书代问兄曩言分金用先天六十四卦，何以不用后天卦？此一疑也。又谓张心言学有所本，不过未将原委叙明，近日接触汪君，见痛诋张氏兄以为非，此一疑也。又排卦时五黄究竟寄何宫，此又一疑也。请迅示知，以释疑窦。感恩不尽。

答曰：萧寺寄身，况如老僧入定，似与世相违矣。雁足传来大教，如对敌人，快甚！快甚！吾丈宅心忠正，将误葬各墓一一更正，古往今来不可多得，钦佩莫名。分金用先天六十四卦，不用后天者，因先天出于天理之自然挨排出来，不同为造，圣人只是见

得分明，便只依本画出原图，不曾用一毫智力添助，盖本不烦智力之助，亦不容智力得以助于其间也。夫先天出于自然，体也。后天出于人为，用也。因山向飞星已得其用，故只用其体可矣。至张心言，言卦理丝丝入扣，惜未将用法表明，今人不明其理，反诋其法之伪，而先天六十四卦之分金法，不明于世矣。

【袁香溪丈又问】：奉手书顿开茅塞，惟每运之五，何故寄于本宫，至五运究寄何宫，分金时是否以张心言《地理辩证疏》所列先天六十四卦对照互校？乞示。

答曰：易之理不外体用二字，五运元旦之盘，洛书也，体也。其他各运之盘，河图也，用也。前函寄宫诸例，不是不想之谈，因吾丈精于易，一一聊明，俾高明一一挨排，明其当然之理，然后可与言易理，然后可与言盘理。否则虽知下卦矣，而未知定卦之奥。虽知起星矣，而未知分星之用。其人不过与蒋大鸿、章仲山、张心言、温明运等尔，何必穷年累月研究此学哉。夫盘理一六共宗、二七同道、三八为朋、四九为友四句尽之矣。一运何以遇五黄仍为坎，一运之天盘，五黄附丽于离，乾坤合二七，兑震合三八，艮巽合四九，八国独缺一似离坎不能合一六矣。虽然离宫之体为五而其用仍为一，俗云：万物土中生，万物土中死。盖天之上，地之下，无非此一元之气，流行于六合而已，明此则一运坎、二运坤、三运震、四运巽、六运乾、七运兑、八运艮、九运离，其理自可明了。至山向飞星二盘遇五黄在坎，运仍属坎之气也。前列一运子山午向图，阅之自然明白。二运属坤，阅二运子山午向图亦可明了。其他三四六七八九各运可知矣。至五运寄坎离则指纳甲也，寄艮坤因中元之五流行之气无定，前十年可附坤，后十年可附艮，其实坤艮对待，坤即是艮，艮即是坤，犹五雀六燕耳。并非的论。其义出于"二五八"之三般卦，然则五运之五，究寄何宫乎？可将山向飞星之盘挨得之字，何为一六、何为二七、何为三八、何为四九，内中缺一字，此一字则玄关所在矣。（志伊谨案：五运子山午向山上飞星一入中是八国缺一，五即寄一，向上飞星九入中，是八国缺九，五即寄九，先天卦山为风水涣，向为火天大有，其他二十四山向，五运寄五之法，照此类推。）分金时互相校对，用张心言疏所列先天六十四卦图可也。

祖绵谨案：先君一二运子山午向二图，系将山向中宫之飞星，配成内外卦爻，与先天六十四卦之卦爻相校，如前图一运山为晋卦，向为坎卦，中宫为需卦，与六十四卦中之乾坤姤复四卦相校，无反伏吟者用之，有则避之，盖六十甲子分金，重在虚则补母，实则泻子二语。所谓知化气也，六十四卦分金重在避反吟伏吟，各有至理不可偏废者也。

或谓蒋氏不用分金，此大谬，蒋盘节气上有十二支，学者每不察其理，岂知即分金也。仲山《心眼指要》载蒋公盘式，即有分金，惟用法过于秘密，仅于《地理辨正》中略指一斑。分金不独用于山向，即穴前所见之一山一水莫不与分金相关，而且非常奇验，赖太素拨砂法即分金，张心言辨正疏所载卦理亦分金，惟心言养其一指而失其肩背耳。予历年覆人坟墓，生肖以纳音为主，患病以六十四卦为主，不能丝毫放过。曾廉泉讥子分金如作诗之流于试贴，予曰："此诗之韵词之律曲之谱也。"廉泉恍然。

按：分金举例：例如：四运乾山巽向（运盘）乾山属阳，五数到乾，五代巽卦四。

以元旦盘即（地盘正针）乾山有甲戌火，丙戌土，戊戌木，庚戌金，壬戌水，五个纳音五行分金。今五寄宫在四，四为巽卦，属木，应与五个纳音五行分金论生克。用甲戌火即木生火，体气被泄太甚不吉利。用丙戌土即木克土，体气亦损矣。用戊戌木即比和吉利。用庚戌金即金克木，体气被克，杀气最重凶。用壬戌水即水生木，生体大为吉利。

【问】：八煞黄泉之说若何？

答曰：八煞之说起于易之占筮，与地理无涉，今三合家宗之，而源流均未深悉，若以二十四山爻爻配合，即知其说之谬，蒋氏虽辟之，然未将谬处辨正，是为可惜。今试举于下，以二十四山字字对照，即可一目了然矣。八曜煞诀曰：坎龙坤兔震山猴，巽鸡乾马兑蛇头，艮虎离猪为煞曜，墓宅逢之一时休。凡八纯卦中，六亲克本卦者，即为煞曜，煞曜为官鬼，万不能执定官鬼即为煞曜，因官鬼有时有吉有凶故也。执定以官鬼为煞曜，卜筮尚不可，何况地理。如：

（一）坎龙坎水，内卦初爻戊寅木；二爻戊辰土；三爻戊午火；外卦四爻戊申金；五爻戊戌土，上爻戊子水，因戊辰土能克坎水，辰属龙，故曰坎龙。叶九升又谓：坎宫有二鬼爻，因戊戌亦坎宫煞曜也。

（二）坤兔坤土，内卦初爻乙未土；二爻乙巳火；三爻乙卯木；外卦四爻癸丑土；五爻癸亥水；上爻癸酉金。因乙卯木能克坤土，卯属兔，故曰坤兔。

（三）震猴震木，内卦初爻庚子水；二爻庚寅木；三爻庚辰土；外卦四爻庚午火；五爻庚申金；上爻庚戌土，因庚申金能克卯木，申属猴，故曰震猴。其余按占法推之，无庸多赘，所不合者，以占法用于地理耳。

【问】：八煞黄泉，昔吾子以为正轨，不知究有理否？八煞黄泉之法，穷思极想，竟无头绪，执事以为精义，走则字字咀嚼，竟不得其理，当时以此板法为人下葬，以为其法当如此而已，今则竟不知其意之所在，更不知其精彩也？

答曰：甚有理，执事精三合，今习玄空，已悟城门一诀，定能细细揣摩其理。其文曰：庚丁坤上是黄泉，坤向庚丁不可言，巽向忌行乙丙上，乙丙须防巽水先，甲癸向中忧见艮，艮向须知甲癸嫌，乾向辛壬行不得，辛壬水路怕当乾。无一字不有精义，句句可用，习三合者不能解，习玄空者以为三合所用，不加考虑，诋为伪法，亦甚矣。

其理即城门也，城门讲究一卦清纯。庚丁坤上是黄泉一句，言甲山庚向，以坤宫为城门，癸山丁向亦可以坤宫为城门，然庚地元也，城门在未，丁人元也，城门在申，若一见坤，即犯差错之病，故以黄泉目之。坤向庚丁不可言一句，艮山坤向之城门在离兑二宫，坤天元也，当用离宫之午、兑宫之酉为城门。若用丁庚之水即犯阴阳差错之病，仅此二句，已将三元五星之法包括殆尽矣。恐学者不明，再解释二句，其余可一目了然矣。至巽向忌行乙丙上一句，乾山巽向之城门在震离二宫，巽天元也，震宫之卯、离宫之午为城门。若用乙丙之水，即犯差错之病。乙丙须防巽水先一句，言辛山乙向，以巽宫为城门；壬山丙向，亦以巽宫为城门。然乙人元也，城门在巳；丙地元也，城门在辰，若一见巽，即犯差错之病矣。其诀不下司马头陀水法，反复推详，较水法为要。学者将一字一句静心细读，自悟水法之诀。至以水来为黄泉水，去为八煞，若在生方横过者不忌等语，盖传道者不言其诀，后人不解，妄加注释。凡向前无水，决不能结地，于是不能不作此等语以搪塞之。蒋氏作地理辨正，一味盛气凌人，不能正其谬处，竭力诋为伪法，使言三合者，无地可容，遂开互攻之门，此蒋氏之所短也。至地支白虎两黄泉，实无理之可言，好在习三合者亦不信之耳。又救贫黄泉即八煞黄泉也。

【问】：救贫黄泉与杀人黄泉不同，执事以为相同，何耶？

答曰：救贫黄泉云：辛入乾宫百万庄，癸归艮位发文章，乙向巽流清当贵，丁坤终是万斯箱。此也为哑迷，语举四正卦，以用四维卦，亦可用四正卦为救贫黄泉也。辛癸乙丁人元也。城门辛在乾、癸在艮、乙在巽、丁在坤而已。不言亥寅巳申者，因此四字包括在乾艮巽坤四卦之内而已。又救贫黄泉云：庚向水朝流入坤，管教此地出贤英，丙向水朝流入巽，儿孙世代为官定，甲向朝来入艮流，管教此地出公侯，壬向水朝流入乾，儿孙金榜姓名传。此举庚丙甲壬之向，皆四正卦之地元也，凡向之左右水，合元运即

精解罗经三十六层

是城门，故庚在坤、丙在巽、甲在艮、壬在乾而已，不言辰戌丑未者，因此四字已包括在坤巽艮乾之内也。至黄泉不言天元，因在乙丙须防巽水先四句之内矣。总之黄泉无论杀人，无论救贫，只宜活用，不可死用，杀人、救贫毫厘之间耳。今人谈三合者，一遇黄泉，解释语皆属门外汉，欲窥见室家之好，难矣。

【问】：黄泉有无一定之理？

答曰：天下之物有象可见，即有数可推，如辛入乾宫百万庄，乙向巽水清当贵二句，城门在乾巽，乾为天门，巽为地户，辛向用乾之城门，到山到向者，无有也。双星会合于向首，仅八运可用城门，反之，乙向用巽之城门，到山到向无有也。双星会合于向首，仅二运可用城门，二八合十之数也。以此推之，如甲山庚向，庚山甲向，亦以乾巽为城门，甲山庚四运到山到向，乾宫可用城门，则庚山甲（向），六运到山到向，巽宫可用城门，六四合十也。其中玄关仍在对待流行而已。

曾春沂曰：凡水法得法为城门，不得法即为黄泉。此精要所在。

【问】：消亡水如何用法？

答曰：三合家所谓消水，所谓亡水，即先后天相破也。先天之乾即后天之离，午水流入乾去为先天破后天，谓之消水。先天之离，即后天之震，离水流入卯去，为后天破先天，谓之亡水。尝观人家家墓有消亡水均无咎，因易之理，凡先后天同位皆吉，易之用字，如遇交比同孚节志，非先后天相遇即先天对待或后天对待也。其说不可信。

【贾步纬问】：吾人极鄙视三合，然今人从之者甚众，想有要义？乞吾师详言之。

答曰：三合之说，见于淮南子说，亦古矣。细绎淮南之言，亦不付用于三煞，此外无用也。昔予习三合十余年，累月穷年，实较习玄空为甚，今始知无理可凭，甚悔也。至三煞，有关堪舆者，四言可以尽之。申子辰年三煞在南；巳酉丑年三煞在东；寅午戌年三煞在北；亥卯未年三煞在西。因为以申子辰合水局，水克火故煞在南；巳酉丑合金局，金克木，故煞在东；寅午戌合火局，水火相克，故煞在北；亥卯未合木局，金木相克，故煞在西。然必合局而用之，实大谬也！

胡伯安曰：先生习三合时，力辟玄空，然常告予云，三合法所造坟墓多不利，且莹释所葬诸墓，皆绝嗣，其法似不可信。后习玄空，乃知三合之无用，此说将数千年伪法一笔抹煞，快极快极！

【韩昆源问】：前闻三合有关煞方，其说实为要诀，惟煞究系何物？何以犯之祸患立见，其理可得闻乎？

答曰：易之理尚矣，世俗所谓煞者，气也，气生于卦，是故不明戊己之附丽，即不明阴阳之消长，不知乾坤艮巽之躔落，即不解阴阳之变化。煞之为气，无形无质，与吉星同充塞于天地之间，人触其机，其应如响，其故惟何，即三合也。此三合皆藉四维而斡旋，其源出于隔八相生。

前言申子辰年月，煞在南。何以故？申阳也，阳顺行，支中藏庚壬，即隔八至壬。壬者，坎宫之阳水也。辰阴也，阴逆行，支中藏乙癸，即隔八至癸，癸者，坎宫之阴水也。与子相合，此之谓申子辰合水局，其气全聚于坎，且阴阳相战，至大至刚，以犯对宫之离，而煞生焉。不独对宫受冲，而离之左右，巽坤二宫亦被其牵制。故申子辰年月，煞在巳午未三方可知矣。寅午戌年月煞在北，何以故？寅阳也，阳顺行，支中藏甲丙，即隔八至丙，丙者，离宫之阳火也。戌阴也，阴逆行，支中藏辛丁，即隔八至丁，丁者，离宫之阴火也。与午相生，此之谓寅午戌合火局，其气全聚于离，阴阳相战，至大至刚，以犯对宫之坎，而煞生焉。不独对宫受冲，而坎之左右，乾艮二宫亦被其牵制，故寅午戌年月，煞在亥子丑三方可知矣。巳酉丑年月，煞在东，何以故？巳阳也，阳顺行，支中藏丙庚，即隔八至庚，庚者，兑宫之阳金也。丑阴也，阴逆行，支

精解罗经三十六层

中藏癸辛，即隔八至辛，辛者兑宫之阴金也。与酉相合，此之谓巳酉丑合金局，其气全聚于兑，阳阴相战，至大至刚，以犯对宫之震而煞生焉。不独对宫受冲，而辰之左右艮巽二宫，亦被其牵制。故巳酉丑年月，煞在寅卯辰三方可知矣。亥卯未年月煞在酉，何以故？亥阳也，阳顺行，支中藏壬甲，即隔八至甲，甲者，震宫之阳木也。未阴也，阴逆行，支中藏丁乙，即隔八至乙，乙者，震宫之阴木也。与卯相合，此之谓亥卯未合木局，其气全聚于震，阴阳相战，至大至刚，以犯对宫之兑，而煞生焉。不独对宫受冲，而兑之左右乾坤二宫亦被其牵制，故亥卯未年月，煞在申酉戌三方可知矣。兄治三合最久，惜此中要义，历古迄今，从无人道破，可感慨也，此大概也。

韩昆源此说将《汉书》天官五行，萧氏《五行大义》，所未道明的一一为之说明，不独三合家言可破，习玄空者当奉为圭臬，其实申子辰、巳酉丑、寅午戌、亥卯未也，即坎兑离震之大化气也。由此而推一切神煞，俱有根据，岂空言哉！

按：此文所述说之煞，便是"三煞"。大家常常闻说的"三煞位"，只要详看这篇，自然明白三煞的来源。而三煞的来源，与三合之理有关连。

【问】：双山怎么解释？

答曰：三合家误解二十四山双双起，少有时师通此义两句。岂知双双起者，山山如是，不过各取一字，以为入中之的而已。彼以长生旺墓，硬凑二十四山则误矣。其谬之又谬者，将此二十四山作十二宫干维并地支，如癸丑巽巳从金；艮寅辛戌从火；乙辰坤申从水；丁未乾亥从木，乃谓之从气。如乾亥同宫为木长生；甲卯同宫为木旺地；丁未同宫为木墓库；以亥卯未为三合，而以乾甲丁配之，双山云乎哉！余类推。

【问】：何谓纳甲？

答曰：三合家颇重之纳甲。乾纳壬甲、坤纳癸乙、震纳庚、巽纳辛、坎纳戊、离纳己、艮纳丙、兑纳丁，阳干纳阳卦，阴干纳阴卦，如壬龙，壬纳于离（先天卦为乾、乾纳壬），宜午向（三合以午为阳）净阳相配，坎离相交也。岂知净阴净阳，自有元运在，非固板法可以语也。

【问】：蒋氏在风水上不讲三煞太岁，有诸？

答曰：天元五歌云，浑天宝照候天星，此是杨公亲口诀，不怕三煞太岁神，阴府，空亡俱抹煞。又云五行俱是阳中气，神煞何曾别有名，只将日月司元化，万象森罗在掌心。此为蒋氏不怕神煞之本。惟用玄空，于五黄入中之年，忌修造，此五黄非板五黄也。如九紫丙午丁山，对宫为一白壬子癸向，以一白入中宫之年为五黄（五黄到坐）。余类推。总之，玄空以星运为重，而以神煞为轻。太岁不可犯而与挨星关会，其验如神，其法以原造之地盘同专临之天盘相参并论。惟太岁子年在坎、丑寅年在艮、卯年在震、辰巳年在巽、午年在离、未申年在坤、酉年在兑、戌亥年在乾，此为地盘一定之太岁也。其加临者如酉年太岁占兑，再遇年星五黄入中七赤到兑，则兑为年盘太岁并临之地，修造犯之大凶，余可类推。

【问】：蒋氏天元五歌选择一卷，其意何居？

答曰：一言以蔽之，运紫白、年紫白、月紫白、日紫白、物物一太极而已，明此理，此卷即能解。

【问】：《钦定修造吉方立成》一书若何？

答曰：此书自嘉庆二十五年起，每年由钦天监刊发，至光绪二十五年后停止。初各处应修工程，均令钦派勘估大臣带领钦天监官相度方向，应修理者，奏明奉旨遵行。二十四年冬上谕刊刻此本，嗣后钦天监官员停止派往，以监中清苦不胜，赔累故也。其书即采择《协纪辨方》中语，不过简便，使人容易看懂，不足全信。

【问】：禄有用否？

答曰：司马头陀水法所谓禄者，是城门诀。《天玉经》所谓合禄合马官星，系选择之用。然吾于禄字，颇有疑虑，夫一切神煞皆

由乾巽坤艮四维而来，如甲乙丙丁庚辛壬癸八干之首一字均为禄，故甲禄在寅、乙禄在卯、丙禄在巳、丁禄在午、庚禄在申、辛禄在酉、壬禄在亥、癸禄在子，是也。乾比戌，巽比辰、艮比丑、坤比未，因四维非干，故不以禄称之，名之曰库。然戊己无定位，与四维同，何以戊附于丙，己附于丁，此愚所未解者也。

【问】：何谓戊附于丙、己附于丁？

答曰：今世俗戊禄在巳、己禄在午，与丙丁之禄同，夫己在午合诸卦理，犹可勉强附会。因先天之乾为后天之离，中变一爻即己土也。则己附于丁，尚可通。至戊禄在巳，余百思不解其故，因先天之坤为后天之坎，中变一爻即戊土也，又何能远托巽宫以巳为禄哉！

【问】：玄空书以何者为精要？

答曰：《玄空秘旨》、《玄机赋》均可读。《玄机赋》为吴景鸾著，《玄空秘旨》有云吴景鸾著，有云目讲僧著。又南唐何令通《灵城精义·理气章》，亦多可采，总之非有心传口授，实难入门。

【问】：杨公书言理气者，何书最佳？

答曰：《天玉经》字字珠玑，惜被蒋氏一注，反生障碍，若读自悟。

【问】：蒋公之学若何？

答曰：蒋为明季遗老，以文学著称，有诗载《沈归愚别裁集》中。五言排律学杜颇有门径，明社屋后，隐于此道，著《地理辨正》一书，实有见地，借误解天机不可泄漏，未将诸要诀注出，又不肯将玄空用法一一告人，以致后人伪说百出，虽为地理之大功臣，亦为地理之大罪人。

【问】：郭璞《葬经》《元经》何本为佳？

答曰：《葬经》以元吴澄删定本为佳，此书后人多疑伪作，然其中颇有见地，不可不读。《元经》此书有三本，今日通行本见《阴阳五要奇书》中，与其他两本仿佛，书中皆三合语，文字浅陋，其为江湖谋食者伪造无疑。文选中载景纯五言诗，何等朴茂清逸，与《元经》相比较可知矣。

【问】：《地理全体大用合编》一书若何？

答曰：是书分四卷，卷一二三为地理全体怀远林士恭著，专言峦头，无甚深理，卷四为地理大用，阳湖吴颐庆著，言盘理清浅而切于实用，与华氏《天心正运》可相辅而行，不失为玄空正轨，中言镇压法，俗不可耐，又误解辨正处，不时有之。

【问】：《地理知本金锁秘》一书若何？

答曰：此书南康邓恭撰，恭字梦琴，别号梦觉，书分上下两卷，上卷言易理，字字珠玑。下卷言穴法，穿凿附会，且有背理气。另有秘旨图说二卷，未刊。予游南康访其旧居，至南良村得而读之，毫无深义。其表弟卢洪攀作梦觉小传，谓其访道方外，师圆觉山人，出以玉函枕秘口授指画始得真传云云。世之庸师动以欺人者有二，言传书必玉函枕秘，火弹子，其实皆空谭玄理；言用法必谨守秘密。访道方外得异人传授，为江湖术士一种口头禅，非此不足以骗钱，不足以欺世。千篇一律，即蒋氏亦所不免。

【问】：师言吴少苑《地理大用》尚可读，惟悖理气处尚多，顷读此书不明其悖理处，乞示知。

答曰：读书须精细，至阴阳五行之书，尤不可效武侯之不求其解，此书误处百出，武断亦多，其理论姑不具论，至图式或固一目可了，书中各运盘图，除五运外，其余安置戊己，无一不误。又创半阴半阳之伪说以掩饰之，而凡五入中之飞星皆误矣。惟一运之子午癸丁一图，丙壬兼子午一图，（此图飞星虽不误，然不知用替卦也。）三运之卯酉兼乙辛一图，七运辛乙兼酉卯一图，九运午子兼丁癸一图不误，然亦偶然而已，其应用替卦者，并未说明，吴氏实不知其所以然也。

近世学习玄空者分六大派：曰滇南派、无常派、苏州派、上虞派、湘楚派、广东派。滇南宗范宜宾，无常宗章仲山，苏州宗朱小

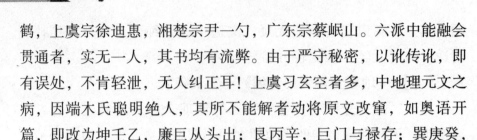

鹤，上虞宗徐迪惠，湘楚宗尹一勺，广东宗蔡岷山。六派中能融会贯通者，实无一人，其书均有流弊。由于严守秘密，以讹传讹，即有误处，不肯轻泄，无人纠正耳！上虞习玄空者多，中地理元文之病，因端木氏聪明绝人，其所不能解者动将原文改窜，如奥语开篇，即改为坤壬乙，廉巨从头出；艮丙辛，巨门与禄存；巽庚癸，贪狼武曲位；乾甲丁，巨武一路行，云云。张心言一派学者最妙，因习此道者大半不知易理，一见张氏说卦，皆退避三舍。

【问】：端木氏言卦理，张氏亦言卦理，何以上虞一派，不宗张而宗端木？

答曰：张言卦理，针锋相对，人不能勉强空谈。端木言卦理，语无中肯，人读其书可以高谈阔论耳。

【问】问：张心言辨正疏，上列各卦令人不解。

答曰：张氏各图出自吴门潘斗斋景祺，少明卦理者，即一目了然，首三图以王豫所授邵康节之图为本，第四图加以二十四山者也。其一运八卦为一之一，即本宫上世之卦。二运八卦为一之二，即四世之卦也。三运八卦为一之三，即游魂四世之卦也。四运八卦为一之四，即二世之卦也。六运八卦为一之六，即五世之卦也。七运八卦为一之七，即归魂三世之卦也。八运八卦为一之八，即一世之卦也，九运八卦为一之九，即三世之卦也。甲癸申二图，即本宫上世变三世之卦也。坤壬乙二图即四世变一世之卦也，巽辰亥二图，即五世变二世之卦也。艮丙辛二图，即游魂四世变归魂三世之卦也。八宫各有一卦，无反对图，即本宫上世变游魂四世，归魂三世之卦也。下七图可类推。近人宗华亭张受祺及秀水于楷之说者，谬处最多，盖因玄空之学，乾嘉盛行，自纪大奎地理末学出，学者从而和之，而玄空遂绝迹，今日地师非出卦即阴阳差错，欲求升平之世其可得乎？

【问】：张受祺著何书，其学若何？

答曰：张式之，乾隆时人，所著有《古书正义》，内辑《青囊经》、《三字青囊经》、《青鸟经》、《狐首经》、《管子指蒙》、《葬经》、《寻龙捉脉赋》，注中引蒋氏之说，惜于挨星一无门径。此外又有《青囊正义》（即青囊奥语及曾序），《天玉经正义》（后附天玉外编），《宝照经正义》，《遍地钳正义》，其注均背卦理，深中叶九升之误，而《天玉经外编》尤谬。

【问】：于楷忽以蒋氏为然，忽以挨星为谬，何也？

答曰：蒋氏可宗者，惟挨星，舍此别无可取，于氏未得其诀，故有此非非想之谈。于端士《地理录要》所采各书，惟归厚篇尚可读，又采范宜宾盘理各篇，而不知范氏之误，竟以峦头读之，支离百出，毫无义理之可言。

【问】：范宜宾误在何点？

答曰：范氏乾坤法窍一心要将前人所不肯泄者，明白透露，此范氏不可及处。惜未得挨星之诀，其误处在隔四位而起父母，又以双双起误为阴出脉，阳出脉，于是满盘皆错。

【问】：尹有本之学看何？

答曰：尹一勺，尹氏于峦头略有门径，所著《四秘全书》，自作聪明，不足为训，其补奥语挨星条例云，子未卯一三禄存倒，乾戌巳文曲共廉贞，寅庚丁一例作辅星，午酉丑右弼七八九，无一是处，是不明挨星者也。注《都天宝照经》，补足四十八局，更无见地，首部《征验图考》所卜诸穴立向均误。

【问】：大玄空与小玄空有别否？

答曰：无别，佛经言大乘佛法小乘佛法，人多非之，今言大小玄空亦非。

【问】：《灵城精义》与《玄机赋》，《玄空秘旨》若何？

答曰：皆有用之书，与杨、曾诸书当相辅而行，不可偏废。

【问】：地理元文所引邱公《理气心印》，邱公何代人，《理气心印》有单行本否？

答曰：邱名延翰，唐朝赣州人。《理气心印》一书上虞抄本甚多，然经端木国瑚删节，恐非原本。邱又有《海角经》，未见有五运六气总论，言分金颇可采。

【问】：《龙到头口诀》反复读之，为学更上一层，此篇系何人作？

答曰：不著撰人姓名，吴镜泉《图书发微》中谓无极子作。

【问】：催官之法，有谓目讲传之司马头陀，头陀传之冷谦，然否？

答曰：此尹一勺语也，头陀唐末人，目讲为陈友谅部将张定边，冷谦明初人。时代颠倒，一勺语类此者颇多。昔蒋大鸿以苏州范坟，宜兴卢坟，注《宝照经》，温氏续解以为失言。此则更堪发噱。

【问】：刘达僧与司马头陀问答若何？

答曰：既非理气，又非峦头，直小儿语耳。

【问】：《地理精义》，合玄空否？

答曰：此为山阴杜铨著，铨字明川，所注《青囊经》、《天玉经》、《撼龙经》、《疑龙经》，以三合解玄空，越中地方言三合者多宗之，其书不可为训。

【问】：《罗经透解》何如？

答曰：此蜀人王道亭著，其人并未知三合，遑问三元，至奇者以卜筮释罗经，硬凑子父财官兄弟，谬矣。

【问】：《温氏辨正注》若何？

答曰：温注较章氏为胜，然于诸诀亦不肯尽泄。朱氏《地理辨正补》，深中三合之病，头脑未清，其说似是而实非。近人吴镜泉抄集一书，名《图书发微》，可采甚多，惜于挨星亦未明了。

【问】：《地理原本说》若何？

答曰：此书曹安峰著，共四卷，尚有见地，卷三论理气，因无师承实无一语道着。

【问】：《周易究》一书，人谓于玄空最要，然否？

曰：此书嘉善人徐某著，末卷附古人诸名墓图以证易于玄空之学，实无所发明。

【问】：江慎修所著《河洛精蕴》，内载地理学说合理否？

答曰：此书以具体论于河洛之理，可谓考其源流，通其条贯，读之可悟术数之所自得，万法之权舆，有裨于学易不浅的人。惟论地理，深中叶九升《地理大成》之弊，不足为训。

【问】：《寿望三仰观集》若何？

答曰：寿名绍海，山阴人，所著《仰观集》为选择之用，言天象较朱小鹤为切实，言挨星亦合，寿氏又有《观察金针》一书，予求之多年未获，深以为憾。

【问】：《宅断》中有钱韫岩为何人，有著述否？

答曰：此章仲山弟子钱荆山，即校《心眼指要》者。

【问】：《沈六圃地学》，言山水性情颇有意味，不知此外尚有著述否？

答曰：《地学》远不如周景一《山洋指迷》，不过大言欺人而已。此书外尚有选择一书。

【问】：近读《山洋指迷》条理分明，切于实用，果与《地学》不同。闻周景一曾为舟山吴氏卜葬，而《地理探源》谓，目讲为舟山卜宅。究竟周与目讲是一是二？

答曰：周景一为张士诚部下，吴亡后亡命绍兴，目讲为陈友谅部将张定边，本宜兴储氏子，非一人也。

【问】：《阴阳二宅全书》若何？答曰：此为华亭姚廷銮所编，内有《紫白断》，即《紫白赋》。其论紫白飞星吉凶颇可采，余者不脱三合家言。

【问】：余姚周梅梁先生为人卜地，持通用盘外，另持一盘，其盘式如壬子癸一卦，壬字为二三四五六七八九一，子癸字下为九一二三四五六七八，不知何故？

答曰：昔予客余姚，晤先生于黄徵君蔚亭炳垕家，曾以此盘相示，阴阳顺逆，逐一推排，往往错误，予以先生年老，仅能告以

此盘非玄空嫡传而已。先生博学深思，惜于此学未得门径，所著《地理仁孝必读》一书，自序游大禹陵上炉峰，遇一道人授以玄空之术云云。予于席间读之，见书中引古人书，费解者皆删去，注《天玉经》，于收山出煞诀亦泛泛读过。注《灵城精义》不甚可解。原书本以凌蓼圃《天玉经》补注，端木国瑚《地理元文》为至宝。闻予言二书之害，毅然弃去，亦勇于为善者也。所惜不明挨星，且深中朱小鹤之毒，未敢直指其谬。丙子年予居福祈山，先生过访，出《仁孝必读》嘱托予序，力辞之，今已行世矣！然先生看山洋峦头颇具眼力。

按：此段道出很多派风水理气法的区别，亦分析了不少有关风水书籍的参考价值。

【问】：天机不可泄漏，子独泄漏殆尽，何也？

曰：杨公《天玉经》惟有挨星为最贵，泄漏天机秘一节下，有天机安在内、安在外云云。细绎之，此天机实指卦理天运而言，蒋注以为天机秘密不可泄漏，此俗儒之见耳。

【问】：如公不守秘密，玄空之术大明于世，后人按图立向，富贵家得地更易，而作威作福者举世皆是，何以弥补？

答曰：得地首在积德，若子孙不能积德，终遭天谴，予生平目击者有六：一吾乡王姓，二运辛卯年葬一乾山巽地，甲午子捷秋闱，遂横行乡里，丁酉年墓为蛟水冲破，次年子入京应试竟客死。

一为上虞北乡某，八运扦丑山未穴，子孙繁盛，富甲一乡，而多行不义，至一运末年，荫木为大风拔去，连年丧丁，财亦日绌。

一为杭州西溪某绅，二运葬丑山未地，旺丁旺财，科名亦盛，而某绅在任贪酷，三运初有人于其来龙葬一穴，其家遂败。

一为苏州七子山下某姓，二运甲申年葬甲山庚穴，城门在未，以八入中，二到未得城门一吉，葬后补吾省某县缺，喜杀无辜，忽墓前大树为风拔去，某遂革职。

一为宁波阿育王寺附近，有杨姓墓，巽山乾向，二运乙酉年扦，财丁两旺，杨某重利盘剥，与上海会审委员某相结，负债愆期必押追，癸巳年终因钱债逼死两命，次年甲午日人犯顺，当道以该山地当要道，驻兵其间，墓为圈入，杨某一家是年冬均患喉症死。

一为嘉兴陈善人地乾山巽向，八运扦，财丁两旺，惟不发科名，二运乙酉年，里中无赖子习堪舆，藉端索诈不遂，乃于艮方置一天灯，是年其裔孙竟捷秋闱。（伊案八运向上飞星四到艮，二运乙酉，年上飞星一到艮，是为一四同宫。）

【问】：蒋公罗盘，四正卦，每卦两阴一阳，四隅卦，两阳一阴，蒋公立法如此，范氏杨顺阴逆，依法挨加，其错在何处？

【答】：蒋公所谓阳顺阴逆者，谓各宫阴阳，当是如此，以此为法，非死定在本位者。如二黑运内，二黑入中，一白在巽，则辰巽巳三向，要用一白壬子癸之阴阳，不用辰巽巳之阴阳。三碧在乾，则戌乾亥三向，要用三碧甲卯乙之阴阳，不用戌乾亥之阴阳。八宫九运，皆是如此运用，元妙无穷，兹特举天心正运，下卦起星之大纲，若误信伪术，此处一错，则满盘皆错矣。

【问】：罗经有中缝正三针，今蒋法只用正针，其中缝二针，竟无用也？

【答】：余昔曾学三合，读罗经解，研究三针作用，历试之皆不及三元之验，虽三合有正针偏东三分之说，而缝针向西，又不在三分之上，西洋士圭测影，亦有正针偏东之说，其缝针既不合正位，且用之无验。蒋公用正针，试之既灵，一依正针为是。至于中针，益偏往东，更属不经，毋庸置议，正针之源，始自黄帝周公，中缝两针，托名杨赖，以之惊愚则可，施之于用，则误人多矣。

【问】：赖公二十八宿拨砂法，铅弹子穿透真传，张九仪专成一家之言，极夸其神奇，痛诋玄空为无用，其拨砂法，果有验否？

【答】：余昔亦学之，及乎既明玄空之后，考窍之，终是合得

玄空之旺砂则吉，不合者不验。而其中最不经者，莫过于日月之八宿，凡二十八宿，周布于罗盘之四方，每方七宿，以木金土日月火水七政配之。按天文书，日月自有日月之本性，张九仪以房虚昂星四日宿为火，既属牵强，月则与水同类者，心危毕张四月宿，亦指之为火，遂谓火星当有十二宿，用之最利，彼特不自知其谬误，而极诋玄空，多见其不知自量也。

【问】：俗称黄泉水法云，八个黄泉能救人，八个黄泉能杀人，其能救人杀人，莫非即是玄空？

【答】：玄空诚能救人杀人，却非是黄泉。其黄泉歌云：庚丁坤位是黄泉，乙丙须防巽水先，甲癸向中忧见艮，辛壬水路怕当乾。不过庚丁向不宜见坤水，乙丙向不宜见巽水，甲癸向不宜见艮水，辛壬向不宜见乾水而已。使见之而吉，则呼为救人黄泉，见之而凶则指为杀人黄泉，全属反复无凭之言。又有解作，来水为杀人黄泉，去水为救人黄泉，纯是胡猜乱摸而已。若依玄空，只取天地生就之形势，往来消长之气运，立向消水，不问其为黄泉也。

【问】：乾坤艮巽四黄泉，既不足为凭，又有乾坤艮巽四御阶，亦不足为据，则玄空之可凭可据者，何在？

【答】：即以庚丁坤位是黄泉而论，庚在七宫，可在九宫，坤乃二宫，若作庚向，使向中之水，兼见坤流，是由七兼二也，作丁向，使向中之水，兼见坤流，是以九兼二也，依玄空论之，论非一元，谓之驳杂不纯，再交离运焉得不败，焉得不杀人。

若庚丁向水，专在坤宫，左不兼丁，右不兼庚，清纯不杂，再交吉运，焉得不兴，焉得不救人，若坤向见庚丁水，亦如此，所以谓之御街，乃水法清纯，又乘吉运故也，倘乘离运，一样为祸，其犯驳杂者，乃七九得运，二宫失运之时，即至二宫得运，七九为失运之时，永无全吉之日，彼不知所以然，遂呼为杀人黄泉而已。

【问】：每登山覆验旧坟，即知其吉凶，虽年代远近，房分公位，所主何事，有如目击，是用何术，出于何书？

【答】：岂另有术，岂另有书，皆是以元运之得失，如于龙穴坐向，并各方公位砂水以上，即能知其远年近代，在何公位，即属何房，吉则为吉，凶则为凶，至于如何之吉，如何之凶，八卦之中，各有所主，周易系辞，言之最详，俗术洪范三合纳甲翻卦，谓之周易，可丑之极，若玄空真无一处可离周易者，若谓之术，轻视玄空矣。

范氏罗经正伪说

　　夫罗经创自于黄帝，显于周公，但是只用十二地支位，其后黄石公增八干四维，共成二十四山，即今天所谓正针。正排穿山虎七十二龙、透地六十龙，三百六十五度，二十八宿，至唐朝丘公始益彰明于世也。后杨公因人误用罗经针法，乃指出三元大卦，分为独用兼用二种，是以有的宜左挨、有的宜右挨之分，杨公以此为法，传示后人。不知后人仍不明此三卦独用兼用之理，乃伪造退后半位一盘指为杨盘，有伪造进前半位一盘指为赖盘，此不过假借前人之名，以施己之伪法尔，实为自己不明用法。今以家藏杨盘式较之，尽皆讹错。如果像徽盘中之杨盘式样为是，则与《天玉经》《青囊经》《都天宝照经》诸经之经义全不符合矣，即张文介、杨君庸、徐试可辈，原不知地学之正诀，何能指驳其讹错也。惟是地学，近今皆称遵杨公，及至用法用盘，皆不用杨公之盘，皆用徽盘，非称为古仙，却说老仙，诬造不通之语，妄用妄为，惑世祸人。

　　今余特出示家藏的杨公之盘式，镌入集中，公示诸同好，庶不蒙江湖术士之误。后有"杨盘说"另录于下，请细参之，你将自会明白杨盘也。至平分六十龙一盘，世称朱熹、蔡西山二人所加，无学之徒，好视为宋儒所加，遵而用之，更谓此盘较七十二龙而不缺，较盈缩而整齐，乃开自然之正理，号之曰胎骨，以之格龙查方。杨公盘式中，只有透地，并无平分，如以平分为是，则朱熹、蔡西山以前之先师管、郭、杨、曾，俱皆讹错而不知龙法。此亦后人托名伪增，断非朱熹、蔡西山所加。而徐试可竟欲以朱熹、蔡西山二字压倒先贤，此也是腐儒之愚论。要知朱熹、蔡西山地学，亦不过仅登杨、曾之阶，安能压倒也。今日时师不知罗盘始末，正针为何用，穿山透地为何用，就徽盘所造，硬以正针立向，以中针格龙，又或格以平分，又以缝针消水，或以中针立向，或以正针中针缝针一串并用，纷纷不一，皆因地学无传，大卦不知，故如是颠倒乱用，反今此古也。今余特著此辨，申明经盘之用，而经盘之用，其要总不出《天玉经》《青囊经》《都天宝照经》序中，只因怕时师之妄用，不得不为逐条一一分讲，使人们都知道罗盘之正确用法，方不祸人。余辈好名，诚救世之苦心，莫视为妄谈说尔。

范氏针说

天体循环无端头，实际有一定之规律，南北两极是标志也，是以古圣王造此指南针，先定子午南北向，则八方因之而分，诚合天地生成之理，非奇巧之异制，而后人伪造水针，更为臆度猜测。以针属金，畏南方之火，使之偏于母位三度有奇，又谓依伏羲摩荡之卦，故阳头偏左，阴头偏右，又谓南随阳升以牵左，北随阴降以不右，又谓先天兑金在巳，故偏左，又谓火中有土，天之正午在西，故此针头偏西，以从母位。诸论纷纷，尽属穿凿。要知现今经盘中虚危之针路，仍是唐虞天正日躔之次，至周天正，则目躔女二，降及元明之际，天正目躔箕之三度，世人不知天有差移，仍执虚危为一定之规，更另造以注水浮针之用，因此针创自江西，盛于前明，以此定南北之极，南北不准，或偏左偏右，或尾高首低，或半沉全坠，种种不一，遂因伪造一百一十四针法，神其邪说，衍惑世人。

要知针尖之指南，针针皆然，保待磁石之养，火中之炼，方能指南也，兑指南旱针，造自圣主，今反弃古而不用，转用后人伪造之水针，乖谬已极，失去根本矣。盖因天体极圆，南北两极有定，针指子午，处处皆然，乃天地之自然，非圣人不能知，非圣人不能创造，何今人不遵古造为用，视趋下流呢。今余之经盘，遵用旱针，不用水针，亦去伪遵古之意也。

杨公用盘说

杨盘之式，前已叙明，今将杨盘用法，再为细说一下。

其八干四维一盘，分四正之左为阴，四维之左为阳，于三大卦内，以天地人三卦地卦为不兼之单用，以天、人两卦为可兼之双用，后人不明挨左为天、人两卦可兼用，按此伪造退后半位一盘，名为缝针，不知地卦为独用，又伪造进前半位一盘，名为中针，不知正针一盘，即杨公之所用，杨公盘式中，并无中缝两盘，其伪说可知，今不说明，以后之用者，仍有讹错此盘之用。

自子之西起壬一字、丑一字、甲一字、辰一字、丙一字、未一字、庚一字、戌一字，此八字，皆向左行，皆是四个一也。故《天玉经》开章，即曰：江东一卦从来吉，八神四个一也；子午卯酉，乾坤艮巽，皆向右行，此八正位，亦系四个一也；癸在子之东，亦向左行，故癸亥辛申丁巳乙寅八神，皆向左走，亦是四个一也。而甲丙庚壬辰戌丑未（地元龙），为子午卯酉乾坤艮巽之逆子，不与父母同行；乙辛丁癸寅申巳亥（人元龙），为子午卯酉乾坤艮巽（天元龙）顺子，与父母一路同行，即是八神四个二也。故《天玉经》说，江西一卦排龙位，八神四个二也。逆子即是地元之卦，有顺逆之不同，即有可兼不可兼之例，夫可兼者，天元之与人元并用，不可兼者，地元之独用也，因有不可兼之处，故杨公用法与人不同，要人知莫兼地元之壬，只兼人元之癸，如坐之与向，水之来去方位，合得天元八位，即为合卦，有一不在此八位上，即是出卦，人元地元，俱同此例，收山出煞，惟有此三卦之用。用三卦，即收得山来，出得煞去，不用此三卦，即收不进山来，亦出不得煞去，这三卦已泄尽千变万化之妙矣。

至前面说子之不可兼壬，乃举一以例，其余如艮之不可兼丑，卯之不可兼甲，巽之不可兼辰，午之不可兼丙，坤之不可兼未，酉之不可兼庚，乾之不可兼戌也。可兼者，固是乙辛丁癸寅申巳亥，而此八位，不能兼乾坤艮巽子午卯酉也。只有父母去兼子息，子息不可去兼父母，以父母可带子息，子息不可去带父母之义，再地元龙辰戌丑未，固不可混入人元龙为用，而乾坤艮巽之山向，则水之来去，却在辰戌丑未之上，却亦可用，何也？因乾坤艮巽，为辰戌丑未之父母，故为可用。此即《都天宝照经》辰戌丑未四山龙，乾坤艮巽夫妇宗，亦即《天玉经》南北八神共一卦，是天元之卦，能包人元龙、地元龙，能兼三卦之用，但是水之去来，在甲庚丙壬之上，则天元却又不可兼用，因为他是子午卯酉之子，不似辰戌丑未，为乾坤艮巽之子也，如乾坤艮巽之山向，要子午卯酉来去之水，子午卯酉之山向，要乾坤艮巽来去之水，如乙辛丁癸之山向，要寅申巳亥来去之水，寅申巳亥之山向，要乙辛丁癸来去之水，如乾坤艮巽之山向，兼用寅申巳亥，不得子午卯酉来去之水，得乙辛丁癸来去之水，亦为可用，如子午卯酉之山向，兼用乙辛丁癸，不得乾坤艮巽来去之水，即寅申巳亥来去之水，亦是可用，至于地元甲丙庚壬辰戌丑未八位，却是独用，不可兼天人两元。是此三卦，总要干向支水，支向干水，方合《天玉经》挨加之法也。

要知双双起者，是以甲丙庚壬乾坤艮巽寅申巳亥，为阳出脉，却放在水上，以子午卯酉乙辛丁癸辰戌丑未为阴出脉，放在山上，名为顺子一局之一起，以子午卯酉辰戌丑未乙辛丁癸，是阴神出脉，放在水上，以甲丙庚壬乾坤艮巽寅申巳亥，是阳神出脉，放在山上，名为逆子一局之一起，此非一山两用四十八局乎？此四十八局，即双双起，双双起即此四十八局，始合《青囊经》阳用阴朝，阴用阳应，颠颠倒倒之义，山龙平阳，并用此法，复以杨公之三卦，并二十四山挨之，则天元八位为八局，地元八位为八局，人元八位为八局，合此三卦之三八，并二十四山之二十四局，又岂非四十八局乎。这些都是《天玉经》《都天宝照经》《青囊奥语》《青囊序》中种种奥义，忽分而言之，又合而言之，左之右之，总不离乎三卦也。

既明杨盘为立向消水、收山出煞之用，则缝针之消水、中针之收山，或以中缝针立内外两向，或正缝针三针并用，东牵西就，大为错谬。且徽盘中所造贵人、禄马、三奇、四吉、八门、驿马、黄泉、八煞、四龙、三合、洪范、大小玄空、纳甲、干支空亡、差错关煞等，固不合杨公诸经之旨，更将七十二龙，照盈缩排之，种种乖谬，不可胜举，用徽盘者不知此故，以讹传讹，即有知者，亦茫无所宗。故余将杨盘盘式刻出，惟望后学详加研究，参透个中妙理，庶不至自误以贻误世人也。余望之。

求卦法（用于穴中从龙上求卦）

用罗盘如格得庚子龙，分在坎宫冬至内，庚子系己亥所管，己亥系冬至中局，故庚子龙，属冬至中局也，七宫起甲子，顺行，庚子在甲午旬中，以甲午为符头，从七宫起甲子，则甲午飞在坎宫，庚子飞到兑宫，遂以符头甲午所临之坎，加兑上挨去，则艮加乾，震加坎，故庚子得雷水解也，阳局仿此。如格得丁酉龙，分在兑宫白露内，丁酉系甲午所管，甲午系上局，故丁酉龙，属白露上局，九宫起甲子，逆行，丁酉在甲午旬内，以甲午为符头，从九宫起甲子，则甲午飞到乾，丁酉飞到震，遂以甲午符头所到之乾，加震上挨去，巽上坎离上，艮坤上，震兑上，是巽加临，故丁酉得风泽中孚卦也，阴局仿此。

透地六十龙说（格龙辨清杂之用）

透地六十龙者，其纳音星卦，与七十二龙同。但七十二龙为坐穴之用，透地六十龙为格龙辨清杂之用。

其格龙的方法：先在过峡处用以罗盘的正针定子午方向，然后别辨四面八方。次格过峡后起顶之山。如得庚子龙。即看次起顶之山，若格在戊子。次又见一山顶，再格却格在壬子。次又见一山顶，再格却格在丙子。次又见一山顶，再格却格在甲子。如此。节节格来，总不出五子之位。即为清纯不杂之龙。如出五子外，右出入亥，左出入丑，即为驳杂不清之龙。举一子而余支可类推矣。此为正法，却非臆度。人何不察耶？

二十四节真太阳说（此依陈耕山之本录用）

夫二十四节，即太阳旋转之机，每于冬至节，太阳临子之正中，其余节皆由冬至推出，而太阳亦即按节而行，丙太阳右转，故将二十四节依太阳右转之义，亦向右排列，如此排之，有二十四龙乘配之妙，按节分龙，有真太阳到穴向之奥，二十四龙乘配列后：

子龙山穴宜于冬至前后乘葬，壬龙山穴宜于小寒前后乘葬，
亥龙山穴宜于大寒前后乘葬，乾龙山穴宜于立春前后乘葬，
戌龙山穴宜于雨水前后乘葬，辛龙山穴宜于惊蛰前后乘葬，
酉龙山穴宜于春分前后乘葬，庚龙山穴宜于清明前后乘葬，
申龙山穴宜于谷雨前后乘葬，坤龙山穴宜于立夏前后乘葬，
未龙山穴宜于小满前后乘葬，丁龙山穴宜于茫种前后乘葬，
午龙山穴宜于夏至前后乘葬，丙龙山穴宜于小暑前后乘葬，
巳龙山穴宜于大暑前后乘葬，巽龙山穴宜于立秋前后乘葬，
辰龙山穴宜于处暑前后乘葬，乙龙山穴宜于白露前后乘葬，
卯龙山穴宜于秋分前后乘葬，甲龙山穴宜于寒露前后乘葬，
寅龙山穴宜于霜降前后乘葬，艮龙山穴宜于立冬前后乘葬，
丑龙山穴宜于小雪前后乘葬，癸龙山穴宜于大雪前后乘葬。

精解罗经三十六层

辨地支十二位

　　罗盘中地支十二位，即上古所遗之地盘十二方位，今叶九升说，内具正针，斯言是矣。乃谓此即明杨盘壬子之双山同子也，此言谬极陋极，夫杨盘发明于唐朝，十二支位，传自于上古，岂有上古之人，预知杨公罗盘，先设此十二支，以待明杨盘壬子双山同子之理。今观有人说，杨盘壬子双山之说，不得将十二支认错，并将公盘亦认错，似此乖谬牵混之论，真盲师语也。

辨平分六十龙

　　夫平分六十龙，世称宋朝朱、蔡所加，此层平排，彼浅学之徒，以为较盈缩而整齐，较百二而中正，为天地自然之正理，名之曰胎骨，竟遵之以格龙，皆徐试可创造腐儒之伪说也。既有透地，何用平分，真为画蛇添足之举也。徐试可以朱、蔡二字，欲压倒地学前贤之意，不知论地学之妙，朱、蔡自有不及杨公处，朱、蔡地学，又安能高驾乎杨、曾之上耶？如徐试可之说，则前之管、郭、杨、曾诸公皆用错，而不知龙法矣。至盈缩龙，俗称传自黄、丘二公，明于杨公，而《天玉》等经中，皆无言及，其伪托也明矣。今市本中说，所以为盈缩者，是以盈应度，以缩应候，方合天度之奇零，杨公盘式中，既无此龙，此皆后人以意揣度，不能分别真伪，模拟想象之语尔。所加得理，后人不但不能移易，亦不敢不

遵。朱蔡二公，名列大儒，岂不知此，而又增加之也耶，显系后人托名伪加，且此层原系前贤所无，又在可不用之际，自然遵杨公盘式，不遵此层也。此层删除不用。

辨赖盘

中针二十四山一盘，世人称赖公所加，后人以之格龙立向，此亦人不明乎杨公独用地卦之义，设此盘称为赖布衣所加，亦已伪矣。而俗师以为明盈缩而设，此谬极矣，故近时之格龙，皆用此盘，肥将杨公明独用地卦之义泯没。若如此用，则透地一层岂不多设乎？而赖氏未加之前，杨曾诸公，又将何以格龙？如认此为格龙，则杨曾诸公，何不设此进前半位之盘，去格龙脉，何待赖氏加之，诸经中用法，皆非此说，皆后人妄认，造讹谬不经之论，要不可遵，再此盘与杨公并非一理，明其三卦兼用之妙，则一切妄谈，不辨自明，既明杨公之用，则赖盘之伪，不辨自然明矣，何待予言。此盘不可用，故前罗经图中不设，并非宗杨而议赖也。

辨四大水口

夫四大水口有至理存焉，杨公书中未尝发露，惟希夷先生辟阖水法，倡明八卦之理，而四大水口之义寓于其中。此乃黄石公《三字青囊》所固有，杨公特秘而不宣，即希夷引而不发也。今人不知天元八卦之妙用，妄以凡庸浅见测之，遂以为辰戌丑未为五行墓库之方，总是以三合双山附会，曰：乙丙交而趋戌、辛壬会而聚辰、斗牛纳丁庚之气、金羊收甲癸之灵。呜呼，谬矣。以三合五行起长生墓库之非，即龙上五行左旋为阳，右旋为阴而同归一库，穿凿不通之论，前篇皆已辨之。独此四大水口原属卦气之妙用，《青囊》之正诀，而亦为此辈牵合舛错而乱真，余每开卷至此，不胜握腕，故又特举而言之。夫图南先生八大局皆从《洛书》八卦中来，一卦有一卦之水口。举四偶之卦而言，则有四；若举四正之卦而言，其实有八。然括其要旨，即一水口而诸卦之理已具。学者苟明乎此，山河大地，布满黄金矣。特以天心所秘，非人勿传，故不敢笔之于书，聊因俗本，微露一端，任有夙慧者私心自悟。若以为阳艮龙丙火，交于乙，墓于戌；阴亥龙乙木，交于丙，亦墓于戌，以为天根明窟，雌雄交媾，玄窍相通，种种痴人说梦，总因误认诸家五行，不知卦气之理，以讹传讹，盲修瞎炼。吾遍观古来帝王陵寝，以及公卿名墓，何曾有合此四语者。若用此四语择得合格之地，总与地理真机无涉，其为败绝，亦犹是也。所谓劳而无功，闻余言者，不识能惕然有动于中否。

辨分房公位

夫葬者所以安亲魄也，亲魄安则众子皆安，亲魄不安则众子皆不安。今之世家巨族，往往累年不葬，甚之迟之久久终无葬期，一则误于以择地为难，再则误于以分房之说。一子之家犹可，子孙愈多，争执愈甚，遂有挟私见以防，用权谋以自使者矣。有时得一吉地，惑于旁人之言，以为不利于己而阻之者，阻之不已，竟葬凶地，同归于尽，亦可衰哉。原其故，皆地理书公位之说为之祸根。使人减伦理、丧良心，无所不极其至也。岂知葬地如树木，根茎得气则众枝皆荣，根茎先拨则众枝皆萎。亦有一枝荣一枝枯者，

外物伤残之耳。葬亲者但论其地之凶吉，断不可执房分之私见。吾观历来名臣宗室，往往共一祖地，各房均发者甚多。亦有独发一房或独绝一房者，此有天焉，不可以人之智巧争也。曰：然则公位之说全谬欤？又何以有独发独绝者耶？曰：是固有之，而非世人之所知也。其说在易曰，震为长男、坎为中男、艮为少男；巽为长女、离为中女、兑为少女。孟仲季之分房由此而起也。然其中有通变之机，非属此卦即应此子、应此女之谓也。《玉尺》乃云：胎、养、生、沐属长子；冠、临、旺、衰属仲子；病、死、墓、绝属季子。即就彼之言以析之，生则诸子皆生矣，旺则诸子皆旺矣，死绝则诸子皆死绝矣，何以以此属长、以此属仲、以此属季？曰：亦以其渐耳。析之曰：以为始于胎养，继而之旺，既而死绝，似矣，若有四子以往，则又当如何耶，其转而归生旺耶、抑另设名以应之耶？此不足据之甚者也。世人慎勿惑于其说也。

论向

向者方向也。地理以立向为向，以面前为向，似觉合理，要知向不能人为，须出于天成，一地有一地之向，一处有一处之向，务必人为之向与天然之向，形气合一，方为真向，阴阳宅立向，大都以人为之向为主，从罗经上二十四山之干支八卦，阴阳红黑，顺子逆子，度数多寡论短长，似是而非，莫衷一是，此人为之向，以极论向也。要知极乃无方无隅之物，向中之口者人也。人即极也。有极而后有八方，八方之内乃真向也。识得十字，自知立向，自知体用，研究玄空者！探用索体，均以理言之，不知者以为重理而不重形，偏于用而失于体，岂知言理而舍形，则如捕风捉影，射者无的，将何以堪，世人只知言龙穴砂水之形为体，不知言龙穴砂水之理即体也。言理之体，理深而透彻，言形之体，呆板而失实，人能明得理气之体，而后讲形势之体，阅形势之书，自可豁然，否则恐只知其一，不知其二，食而不化，比比皆是，峦头理气，二者不可须臾离也。阅鄙著者当知有所深察之矣。

释二十四山

二十四山，一名二十四龙，乃方位之代名词，周天本三百六十度有奇，古人以十二支平均分之，故以三百六十度为用，每支得三十度，后以四正有子午卯酉代之矣，而四隅则无之，故经云后天再用干与维，所以成二十四龙，再按卦理，亦应以三八为合，故以二十四山为立向之用，每字占十五度，其干支八卦之阴阳五行，于地理作法，毫无所涉，惟用此以记其方向之名耳，而为用之道！得失之理，乃系乎八卦之子母公孙；不系乎二十四龙也，世之地理家，类皆只知二十四山之表，不知二十四山之里也。聚讼数千百年，将何以去其非而归其正哉，至如其他消纳等种种俗说，以及用六十四卦为地理作用者，更非所计矣。

先后天体用说明

先天为体，后天为用，今人言之熟矣，而先天之体，绝无人能用之，而后天之用，亦已根本全错，如今之章派为尤甚，以元运及山向盘，如年月紫白之从掌上飞布，与原理已相去霄壤。

先天在下层，静而不动为体，后天在上层，动而不息为用，先天卦爻，阳九阴六，上元一二三四运为用卦，坤巽离兑为体卦，坤统三女属阴一片，共管九十年，下元六七八九运为用卦！艮坎震乾为体卦，乾统三男属阳一片，共管九十年，上下两元，合为一百八十年，体则千古不易，用则循环无端，此玄空理气之称体用，非峦头理气之称体用也。世以三元九运论短长者，阅此可以晓然矣。

地理杂辨

地理之作法多矣，不特形势而然，尤以理气为最，三合三元，辅星拨砂，种种用法，不胜枚举。以地理原理言之，万难归纲，以人事言之，可称适合，理姑不谈，安亲则一也。地理天理性理，自有各个人之造化存焉。

世惟地理不能普及，生则居厦屋，死则归壤土，人人需三尺之土，人人有父母，人人为后人之父母，人人有孝亲慈幼之志，若人人欲得福地，一切人事多端，咸归纳之于地理者，福地无如是之多，天理有不彰之处。杂说愈多，安心愈易，因果愈明，一定之理也。

以学理言，则另当别论，论是辨非，非为其人，实为其天，世有以研究学术为从人情偏见上着意者，辨乎人，未明乎天也。自然之事，有自然之理，即有自然之学识以辨之。地有情，天有理，人有道，合乎三不之道而行之，于地理阴阳，思过半矣。语云：一德二运三风水，四积阴功五读书，诚哉是言也。